Arbeitstexte für den Unterricht

Wie interpretiert man eine Novelle und eine Kurzgeschichte?

Für die Sekundarstufe
Von Hans-Dieter Gelfert

Philipp Reclam jun. Stuttgart

Universal-Bibliothek Nr. 15030
Alle Rechte vorbehalten
© 1993 Philipp Reclam jun. GmbH & Co., Stuttgart
Gesamtherstellung: Reclam, Ditzingen. Printed in Germany 1995
RECLAM und UNIVERSAL-BIBLIOTHEK sind eingetragene
Warenzeichen der Philipp Reclam jun. GmbH & Co., Stuttgart
ISBN 3-15-015030-2

Inhalt

Vorwort

Novellen und Kurzgeschichten zählen wegen ihrer handlichen Kürze sowohl im Fach Deutsch wie in den Fremdsprachen zu den bevorzugten Unterrichtsgegenständen. Außerhalb der Schule hingegen und auch in der gegenwärtigen Produktion spielen beide hierzulande nur eine untergeordnete Rolle. Die Novelle, die ihre höchste Blüte in der deutschen Literatur des 19. Jahrhunderts erreicht hatte, ist seitdem von der Aura eines Respekt heischenden Bildungsguts umgeben, das mehr geschätzt als gelesen wird. Die Kurzgeschichte auf der anderen Seite, ohne Zweifel eine moderne Form, fand ihre weiteste Verbreitung in Amerika und ist erst spät von deutschen Autoren übernommen worden. Da der Deutschunterricht nun aber weitgehend der deutschen Literatur verpflichtet ist, wird er natürlich auch unter den Kurzgeschichten die deutschen bevorzugen. Das Mißliche dabei ist, daß – anders als bei der deutschen Novelle mit ihrem hohen literarischen Rang – die deutsche Kurzgeschichte kaum etwas aufzuweisen hat, was den Vergleich mit weltliterarischen Klassikern wie Poe, Maupassant, Tschechow, Joyce oder Hemingway aushält. Dieser Umstand führte dazu, daß die in Deutschland weithin zu beobachtende Unsicherheit bei der qualitativen Beurteilung von Kurzgeschichten sich durch die Behandlung unbedeutender Werke im Literaturunterricht von Jahrgang zu Jahrgang forterbte, so daß eine wesentliche Voraussetzung für das Entstehen literarischer Qualität, nämlich die kritische Leserrezeptivität, schwach entwickelt blieb. Deshalb wird in diesem Buch die Kurzgeschichte auf ihrem weltliterarischen Niveau präsentiert. Gegenüber der Novelle und größeren epischen Formen hat die Kurzgeschichte den unvergleichlichen Vorzug, daß sich jeder Schüler selbst an ihr versuchen kann. Deshalb sei hier vorweg mit Nachdruck betont, daß der beste Weg zur Interpretation einer Kurzgeschichte der Versuch ist, selbst eine zu schreiben.

Allgemeiner Teil

Das Gattungsproblem

Novelle und Kurzgeschichte als Gattungen bestimmen zu wollen ist so fruchtlos wie der Versuch, das Pony als Untergattung des Pferdes zu definieren. Der Gattungsbegriff sollte auf die naturgegebenen Grundformen der Dichtung eingeschränkt bleiben, also auf Lyrik, Epik und Drama. Gattungen müssen Klassen sein, zwischen denen es keine fließenden Übergänge gibt. Sie können zwar Ähnlichkeiten aufweisen, so wie das Reitkamel etwas mit dem Pferd gemein hat, sie dürfen aber nicht so ineinanderfließen, wie dies bei Varietäten innerhalb einer Gattung zu beobachten ist. Gegen das Festhalten an den drei Grundgattungen wird häufig eingewendet, daß es quer zu dieser Dreiteilung noch die Zweiteilung in Vers und Prosa gäbe, so daß sich daraus Formen von epischer Versdichtung wie auch Formen von lyrischer Prosa ergäben. Dieser Einwand geht an der Sache vorbei. Vers und Prosa sind keine Gattungsmerkmale, sondern nur gattungsspezifische Aggregatzustände der Sprache. Sie sagen nichts darüber aus, auf welch grundsätzlich verschiedene Weise die drei Gattungen Bewußtseinsinhalte objektivieren. Das *Nibelungenlied* in Versen ist nicht weniger episch als eine moderne Prosafassung davon. Und selbst die Prosaübersetzung eines Shakespeare-Sonetts bleibt gattungsmäßig ein lyrischer Text, auch wenn dieser seines ästhetischen Reizes beraubt ist. Vers und Prosa sind unterschiedliche Gestaltungsweisen des Gewandes einer Dichtung, das sich nur dann nicht austauschen läßt, wenn es wie im Fall der Lyrik für den gestalteten Körper bis ins letzte maßgeschneidert ist. Im übrigen wird schon dadurch, daß Vers und Prosa in allen drei Gattungen auftreten, die Behauptung widerlegt, daß es sich hier um Gattungsmerkmale handelt.

Die drei Grundgattungen sind die drei naturgegebenen Möglichkeiten der sprachlichen Äußerung von Bewußtseinsinhalten. Lyrik drückt Subjektives unmittelbar aus, sie ist *Expression*. Epik verwandelt Subjektives in *Fiktion*, die der Leser sich als etwas Objektives vorstellt. Und das Drama bringt das Subjektive durch *Simulation* als objektive Vorstellung auf die Bühne. Noch knapper: Der Lyriker äußert sich selbst; der Epiker erzählt, was andere äußerten; der Dramatiker läßt andere sich für ihn äußern. Dies sind die Bestimmungsmerkmale der drei Gattungen.

Elemente verschiedener Gattungen lassen sich kombinieren, so daß z. B. episches Theater und lyrische Epik entsteht. Doch dieses additive Gemenge schafft keine Legierungen mit fließenden Übergängen, wie sie durch Ausdifferenzierung innerhalb der Gattung entstehen. In solchen Mischformen bleibt der Gattungscharakter der Einzelbestandteile klar erkennbar. Wo sich aber innerhalb einer einzigen Gattung Formtypen ausdifferenzieren, haben diese den gleichen Gattungscharakter und lassen sich nur noch durch willkürliche Definitionen voneinander unterscheiden. Einige – wie z. B. das Sonett – sind exakt definiert. Andere – wie Ode und Elegie – gehen fließend ineinander über. Das gleiche gilt für die verschiedenen Formen von Erzählliteratur. Während die deutsche Novelle verhältnismäßig streng definiert ist, gibt es zwischen Roman und Kurzgeschichte ein Kontinuum fließender Übergänge, das auch dann keine klare Scheidung ermöglicht, wenn man von beiden noch die Form der Erzählung abgrenzt. Dabei wird man sich mit der Tatsache abfinden müssen, daß Novelle, Erzählung und Kurzgeschichte das bedeuten, was man ihnen per definitionem zuschreibt. Sie haben kein Wesen im Sinne eines Gattungsgenotyps, sondern nur einen historisch gewachsenen Phänotyp, dessen Konturen mehr oder weniger scharf sein können. Sie sind gewissermaßen »Rassen« innerhalb einer Gattung. Mit zweien davon wollen wir uns im folgenden befassen, der Novelle und der Kurzgeschichte. Zuvor aber müssen wir sie aus dem Kontinuum der übrigen Formtypen ausgliedern und durch eine pragmatische Definition von diesen abgrenzen.

Kurze Geschichten

Kurzformen erzählender Prosa sind bereits aus der Antike überliefert, und sicher gab es sie schon Jahrtausende vor Beginn der schriftlichen Überlieferung. Es wäre sehr sonderbar, wenn nicht schon in den Höhlen der Steinzeitmenschen am Lagerfeuer Geschichten erzählt worden wären. Und vermutlich gab es schon damals einzelne Menschen, die phantasievoller waren als die übrigen und die deshalb von ihren Höhlengenossen als professionelle Erzähler geschätzt wurden. Daß uns aus der Zeit vor Beginn schriftlicher Aufzeichnungen keine Werke überliefert sind, die den mündlich tradierten Heldendichtungen vergleichbar wären, hat seinen einfachen Grund darin, daß Prosatexte sich schlechter memorieren lassen als Verse. Geschulte Sänger konnten zwar Epen in gebundener Versform auswendig lernen und mündlich an ihre Schüler weitergeben; aber es wäre ihnen wohl kaum möglich gewesen, einen Text wie den *Don Quichotte* von Cervantes zu behalten und über Generationen hinweg unverstümmelt zu überliefern. Nur kurze Erzählungen hatten Aussicht, auf solche Weise am Leben erhalten zu werden; und auch sie ließen sich nur als Motive, nicht als streng durchgeformte Texte überliefern. *Volksagen, Legenden* und *Märchen* sind die klassischen Beispiele dafür. Auch nach Beginn der schriftlichen Aufzeichnung hatte erzählende Prosa nur eine geringe Chance, auf kostbarem Pergament in mühevoller Schreibarbeit der Nachwelt überliefert zu werden. Nur die gehobene Verssprache wurde eines solchen Aufwands für würdig erachtet. Erst mit dem Anwachsen der Buchproduktion und vollends nach Erfindung des Buchdrucks mit beweglichen Lettern konnte die Prosa an die Seite der Versdichtung treten und sie bald darauf so in den Schatten stellen, daß heute unter Literatur fast nur noch Prosa und unter Erzählprosa wiederum fast nur noch der Roman verstanden wird.

Die Literaturgeschichte und das gegenwärtige Literaturschaffen weisen aber neben dem Roman eine Fülle kürzerer

Erzählformen auf, die sich zu eigenen Formtypen ausgebildet haben. *Sagen, Legenden* und *Märchen* nannten wir bereits. Sie sind als Erzählformen durch eine lange Tradition mit so scharfen Konturen ausgeprägt, daß sich eine Definition erübrigt. Die ersten beiden nehmen auf historische Realität Bezug, sind also, obwohl auch sie eine Fiktion der Realität aufbauen, in diesem Sinne nicht fiktional. Das Märchen dagegen verzichtet auf jeglichen Bezug zur Realität und damit zugleich auf die Fiktion von Wirklichkeit. Es schafft gewissermaßen eine Fiktion der Irrealität.

Die erste realistisch-fiktionale Form von Kurzepik kam im Mittelalter in Gestalt des *Schwanks* auf, der anfangs in höfischen Kreisen in Versform als sogenanntes *Fabliau* gepflegt wurde und danach in Prosa ein breiteres bürgerliches Publikum fand. In ihm wurde das Alltagsleben des Bürgers literaturfähig, wenn auch zunächst noch nicht in realistischer Detaillierung, sondern mit didaktischer Betonung des moralisch Allgemeingültigen. Dennoch bahnt sich im Schwank bereits die neuzeitliche realistische Erzählweise an, deren Durchbruch mit der von Boccaccio wenn auch nicht erfundenen, so doch zur Kunstform entwickelten *novella* erfolgt. Sie darf als Urform aller späteren literarischen Kurzerzählungen gelten, also in erster Linie der deutschen *Novelle* und der *Kurzgeschichte*. Mit ihr setzt sich zum erstenmal die Prosa gegen die Verskunst durch. Sie bereitet damit den Boden für den späteren Siegeszug des Romans. Schon der Name *novella* (= Neuigkeit) läßt das Neuartige der Form erkennen.

Zwischen dem älteren und dem jüngeren Nachfahren der frühen *novella*, der deutschen Novelle und der amerikanisch geprägten Kurzgeschichte, gab und gibt es eine dritte Form von Kurzepik, die meist aus Verlegenheit schlicht *Erzählung* genannt wird. Mit Novelle und Kurzgeschichte werden wir uns im folgenden ausführlich befassen. Da sich beide aber auch mit der Erzählung berühren und von dieser oft nur schwer zu unterscheiden sind, werden wir auch sie kurz betrachten.

Zuvor aber wollen wir noch das restliche Repertoire erzählender Kurzformen vorstellen. Die altehrwürdige *Fabel* mit ihrer Mischung aus Witz und Didaktik ist die kondensierte Vorform dessen, was später bei stärkerer Betonung des Unterhaltsamen zum Fabliau und zum Schwank ausgebaut wurde, während die *Anekdote* als das historisch-realistische Gegenstück zu Sage und Legende – ähnlich wie der Schwank – die Keimform einer realistischen *novella* ist. Als kürzeste Erzählform überhaupt bleibt noch der *Witz*, den man als kondensierte Vorform einer pointierten Kurzgeschichte ansehen kann. Eine eigentümliche Mischform, in der die Formen der Sage, Legende, des Schwanks, der Fabel und Anekdote zusammenfließen, hat sich in Deutschland in Gestalt der *Kalendergeschichte* des 18. und 19. Jahrhunderts ausgebildet. Als Typus ist sie leicht an ihrem didaktischen Grundzug und ihrer holzschnittartigen Einfachheit zu erkennen. Formal hat sie jedoch wenig Eigencharakter und wird im Einzelfall durch das jeweils dominante Element der Mischung bestimmt.

Alle bisher genannten Erzählformen haben miteinander gemein, daß sie in längerer oder kürzerer Form eine *Geschichte erzählen*. Damit unterscheiden sie sich grundsätzlich von solchen Prosaformen, die dies nicht tun. Dazu gehören zuallererst expositorische, also nichtpoetische, Texte wie Essays und solche poetischen Texte, die keine Geschichte erzählen, sondern Zustände und Sachverhalte beschreiben, also *Beschreibung* und *Skizze*. Auch ein Geschehen läßt sich beschreiben. In diesem Fall spricht man von *Bericht*. Letzterer kann auch eine Geschichte berichten, muß es aber nicht. Der Bericht ist nicht durch seinen Gegenstand, sondern durch seine Erzählweise definiert, die wir in *Wie interpretiert man einen Roman?* (Reclams UB Nr. 15031) untersucht haben. Das Geschehen, das er berichtet, kann etwas tatsächlich Geschehenes oder etwas Fingiertes sein. Doch wie gesagt: anders als bei den oben genannten Formen muß es nicht unbedingt eine Geschichte sein. Es stellt sich damit die Frage, wann ein Geschehen zu einer Geschichte wird.

Was ist eine Geschichte?

Geschichte bedeutet Geschehenes. Wer aber eine Geschichte erzählt, berichtet nicht von Geschehenem, sondern erzählt ein Geschehen. Jedes Geschehen läßt sich berichten, aber nicht jedes läßt sich als Geschichte erzählen. Damit es zu einer Geschichte werden kann, müssen bestimmte Bedingungen erfüllt sein. In seiner einfachsten Form ist ein Geschehen der Übergang von einem Zustand A zu einem Zustand B. Selbst wenn wir an einen extrem sensationellen Übergang denken, werden wir schnell erkennen, daß daraus allein noch keine Geschichte werden kann. Angenommen, ein Mann springt von einer Brücke und ertrinkt. Auch der geschickteste Geschichtenerzähler könnte dieses Geschehen nur berichten, er wäre außerstande, daraus eine Geschichte zu machen. Damit eine solche entstehen kann, muß der Zustand B, also das Ertrinken, zunächst ungewiß bleiben. Selbst wenn der Mann noch eine Weile um sein Leben kämpft, sich womöglich rettet, bleibt es immer noch ein Geschehen, das nur berichtet, nicht als Geschichte erzählt werden kann; denn sowohl der Tod als auch das Überleben des Mannes wäre die lineare Weiterführung des Zustands A auf der Brücke. Eine Geschichte braucht aber ein nichtlineares Geschehen. Sie muß im Zuhörer oder Leser eine Erwartungsspannung der Ungewißheit aufbauen und diese dann durch das Eintreten einer unvorhergesehenen Wendung lösen. Selbst die handlungsärmste Geschichte braucht eine solche nichtlineare Wendung im Ablauf des Geschehens. Anderenfalls könnte sie nicht den von jeder Geschichte erwarteten Aufbau einer Spannung und danach deren Lösung bewirken. Damit aus einem linearen Geschehen ein nichtlineares wird, muß zunächst etwas entgegenwirken. Im Falle unseres Beispiels könnte dieses zweite Geschehen darin bestehen, daß ein anderer Mann hinterherspringt, um den ersten zu retten. Auch dies ist ein lineares Geschehen, an dessen Ende nur der Erfolg oder das Scheitern des Rettungsversuchs stehen kann. Und wieder könnte das

Geschehen nur berichtet, aber nicht erzählt werden; denn im Fall der Rettung würde die Hoffnung des Zuhörers, im Fall des Scheiterns seine Befürchtung erfüllt. Es käme aber zu keinem Aufbau einer Ungewißheitsspannung mit deren abschließender Lösung. Offensichtlich fehlt noch ein drittes Element, um das Geschehen als Geschichte erzählbar zu machen. Es muß etwas eintreten, wodurch das lineare Geschehen eine unverhoffte Wendung erhält. Dies könnte z. B. darin bestehen, daß der mutige Retter ein Nichtschwimmer ist, während der vermeintliche Selbstmörder sich als guter, aber betrunkener Schwimmer entpuppt. Schlagartig eröffnen sich für die Geschichte zwei mögliche Ausgänge, ein ernster und ein heiterer. Im ernsten Fall klammert sich der Retter an den Betrunkenen und reißt ihn mit in den Untergang, im heiteren Fall muß der Betrunkene sich seinerseits abmühen, seinen Retter zu retten. Beides wäre Stoff für eine Geschichte.

Zugegeben, es wären beides recht triviale Geschichten. Aber selbst künstlerisch hochrangige sind auf dieses Schema angewiesen, nur ersetzen sie das triviale physische Handeln durch psychisches Geschehen. Etwa so: Eine Frau lädt zu einer Party eine andere Frau ein, von der sie fasziniert ist, die ihr Mann aber nicht zu mögen scheint. Sie bemüht sich, ihren Mann umzustimmen. Am Ende der Party beobachtet sie ihn bei der Verabschiedung der Gäste, und plötzlich erkennt sie an der Art, wie er der anderen den Mantel umlegt, daß die beiden ein Verhältnis haben. Dies ist der Kern einer äußerst geschehnisarmen Kurzgeschichte von Katherine Mansfield mit dem Titel *Glück*. Es ist zugleich ein Musterbeispiel für die Minimalstruktur einer Geschichte.

Noch kürzer: Einem elektrischen Pluspol nähert sich ein Minuspol. Wir erwarten den Spannungsausgleich durch Kurzschluß. Da gerät ein unerwarteter Widerstand in Gestalt einer Glühbirne dazwischen. Die Lampe leuchtet auf, und schon ist es eine Geschichte.

Das Problem der Einheit:
Formen der Zentrierung

Edgar Allan Poe gilt als der erste Theoretiker der Kurzgeschichte, obgleich er den Begriff noch gar nicht verwendet und statt dessen von *tale*, also Erzählung, spricht. Von einer solchen erwartet er, daß sie erstens so kurz sei, daß sie »auf einen Sitz« (»at one sitting«) gelesen werden kann und daß sie zweitens »Einheit der Wirkung oder des Eindrucks« (»unity of effect or impression«) erzielt, was er als »einen Punkt von größter Bedeutung« bezeichnet. Da Poe sich dabei auf die eher novellistischen Erzählungen von Hawthorne bezieht, darf man annehmen, daß er diese »Einheit« nicht nur für die von ihm selbst geschaffene und als neue Form noch gar nicht in vollem Umfang erkannte Kurzgeschichte forderte, sondern daß er sie als Qualitätskriterium aller kurzen Erzählungen ansah.

Läßt man einige Hundert der bekanntesten Novellen, Erzählungen und Kurzgeschichten vor dem geistigen Auge Revue passieren, so wird man finden, daß die meisten der Poeschen Forderung genügen. Von einem Roman erwarten wir, daß er vor uns einen breiten, figurenreichen Bilderteppich entrollt. Kurze Erzählungen aber sind ästhetisch am befriedigendsten, wenn der kleinformatige Teppich – um im Bilde zu bleiben – auf ein zentrales Medaillon, oder wie bei einem Gebetsteppich auf ein Kopfstück ausgerichtet ist. Im Roman läßt sich formale Einheit auch dadurch erreichen, daß disparate Teile, z. B. kontrastierende Milieus oder Handlungen, spannungsvoll zusammengefügt und im Gleichgewicht gehalten werden. In kurzen Erzählungen dürften solche komplexen Anordnungen kaum möglich sein. Deshalb wird in ihnen die Einheit in aller Regel im wörtlichen Sinne, nämlich als Singularität realisiert. Das bedeutet, daß es in ihnen nur *eine* Handlung, *eine* zentrale Person oder *eine* zentrale Beziehung von Personen gibt. Um diese Einheit nach außen hin sichtbar zu machen, pflegen die Erzähler fast immer ein einheitstiftendes Element ins Zentrum der Erzählung zu stellen. Dieses Element kann für das reale Geschehen ganz unbedeutend sein. Entscheidend ist, daß es wie ein Kristallisationskern der Erzählung erkennbare Einheit gibt.

Welche Elemente kommen nun für diese Funktion in Frage? Reduziert man das stoffliche Material einer Erzählung auf seine Grundbestandteile, so erhält man die folgenden Elemente: *Dinge*, *Orte*, *Personen*, *Fälle*, *Ereignisse* und *Situationen*. Daraus ergibt sich auf natürliche Weise eine Typologie, die wir im folgenden kurz darstellen wollen.

Dingzentrierung

Es gibt eine große Anzahl von Novellen und Kurzgeschichten, deren Titel aus dem Namen eines einzigen Dings besteht. Eichendorffs *Marmorbild*, Poes *Goldkäfer*, Gogols *Mantel*, C. F. Meyers *Amulett*, Maupassants *Schmuck* und *Der Muff* von Marie von Ebner-Eschenbach sind nur einige wenige Beispiele, denen sich eine lange Liste weiterer hinzufügen ließe. Eine Geschichte um ein Ding herum kristallisieren zu lassen ist eines der gebräuchlichsten Mittel zur Herstellung jener Einheit, von der Poe sprach. In der deutschen Novelle hat das Ding darüber hinaus eine so zentrale Bedeutung erlangt, daß sich daran eine spezielle Theorie, nämlich die vom »Falken«, anschloß, auf die wir später noch eingehen werden.

Ortszentrierung

Ist ein Ding von gewisser Größe, z. B. ein Haus, oder kommt ein zweites Ding hinzu, so entsteht daraus ein materieller Ort, an dem etwas geschieht. Poes Geschichte *Das Pendel und die Grube* zeigt schon im Titel, wie durch zwei Dinge ein unheimlicher Ort bestimmt wird, der der Geschichte Einheit gibt. *Der Fall des Hauses Usher* vom gleichen Autor, Eichendorffs *Schloß Dürande* oder Maughams Geschichte *Die Außenstation* sind weitere Beispiele, deren

Liste sich beliebig verlängern ließe. Aber auch wenn der Ort nicht im Titel erscheint, wird er oft als einheitstiftendes Element eingesetzt. Dies ist vor allem in Gespenstergeschichten der Fall, wo der Ort die entscheidende Quelle des Unheimlichen ist. In Somerset Maughams Erzählungen aus den englischen Kolonien wird der exotische Ort ebenfalls zu einem wesentlichen Handlungsfaktor, da er ein fremdes Milieu darstellt, in dem sich die Europäer aus Unkenntnis der lokalen Gegebenheiten falsch verhalten. Thomas Mann hat im *Tod in Venedig* die Lagunenstadt nicht nur zum atmosphärischen Schauplatz der Handlung, sondern darüber hinaus zum Symbol für die Ambivalenz von Kunst und Dekadenz gemacht.

Personenzentrierung

Das mit großem Abstand am häufigsten gewählte einheitstiftende Prinzip ist die zentrale Person. Man braucht nur einmal die hundert bekanntesten Novellen und Kurzgeschichten durchzusehen, und man wird finden, daß die zahlreichste Gruppe diejenigen ausmachen, die den Namen der Zentralfigur bereits im Titel nennen. Auch hierfür einige Beispiele: *Die Marquise von O . . .* (Kleist), *Der Postmeister* (Puschkin), *Mateo Falcone* (Mérimée), *Bartleby* (Melville), *Mliss* (Bret Harte), *Bahnwärter Thiel* (Hauptmann) und *Tonio Kröger* (Thomas Mann). Auch Romane pflegen oft ihre Zentralfigur im Titel zu nennen, aber nur im Bildungsroman kommt es zu einer vollständigen Personenzentrierung. Bei anderen realistischen Romanen, in deren Zentrum die Psychologie der Hauptfigur steht, ist diese viel flächiger in den epischen Fluß eingebettet als etwa in der Novelle. *Madame Bovary* wäre als Novelle auch inhaltlich eine ganz andere Erzählung geworden, wenn Flaubert das breite Panorama des provinziellen Hintergrunds und die dazu gehörenden Personen zugunsten der Heldin vernachlässigt hätte. Dann wäre Emma Bovary tatsächlich die tragische Heldin geworden, die sie im Roman mit deutlicher Absicht des Autors nicht ist. Daß die Zentralfiguren von Novellen so oft in die Nähe des Tragischen geraten, deutet auf eine grundsätzliche Verwandtschaft der Novelle mit dem Drama hin. In der Kurzgeschichte fehlt der Handlungsraum für eine dramatische Entfaltung. Deshalb geht es dort im Falle der Personenzentrierung nur um die schlaglichtartige Erhellung und Vertiefung eines Charakterbildes.

Fallzentrierung

Eine der frühesten und zugleich beliebtesten Formen der Kurzgeschichte ist die Detektivgeschichte, wie sie von Poe in die Literatur eingeführt wurde. Bei ihr besteht das erzählte Geschehen im wesentlichen in der Aufklärung von etwas, das sich schon vorher ereignet hat. Poes Geschichte *Die Morde in der Rue Morgue* ist ein klassisches Beispiel dafür. Aber auch Novellen bedienen sich dieser Struktur, da sie die Möglichkeit bietet, eine spannende Handlung zu erzählen, ohne dafür einen komplizierten Plot entwickeln zu müssen. Da das Geschehen bereits abgeschlossen ist, kann die Aufdeckung des Geheimnisses mit größter Konzentration erzählt werden. Kleists *Marquise von O . . .*, die wir bereits als Personengeschichte genannt hatten, ist zugleich auch eine Fallgeschichte. Allerdings wird ein Novellenautor um des dramatischen Geschehens willen dahin tendieren, den Fall mit einer spannenden Handlung in der Gegenwart zu verbinden, wie dies E. T. A. Hoffmann im *Fräulein von Scuderi* und Annette von Droste-Hülshoff in der *Judenbuche* tun. Solche kombinierten Fall- und Handlungsgeschichten sind in der Novellistik sehr zahlreich, während sich die Kurzgeschichte wegen des knapperen Erzählraums gewöhnlich entweder auf den Fall oder die Handlung beschränkt.

Ereigniszentrierung

Alle Geschichten, in denen Personen entweder aus eigenem Antrieb heraus handeln oder auf ein auf sie einwirkendes Geschehen reagieren, sind Ereignisgeschichten. Manche davon sind stärker handlungsbetont, d. h., sie erzählen das psychologisch motivierte Handeln von Personen. Andere legen den Akzent auf das von außen einwirkende Geschehen. Nach allgemeinem Sprachgebrauch würde man bei letzterem den Ereignisbegriff für zutreffender halten und im ersten Fall von *Handlungszentrierung* sprechen. Da aber beides kaum zu trennen ist, wollen wir auf eine so genaue Unterscheidung verzichten. Novellen pflegen vor allem das Ereignishafte zu betonen, weil dadurch Raum für das Wunderbare und Unbegreifliche geschaffen wird. Auch dies wird oft schon durch den Titel signalisiert: z. B. *Das Erdbeben in Chili* (Kleist), *Die Entführung* (Eichendorff), *Der Schuß von der Kanzel* (C. F. Meyer). Realistische Erzählungen und Kurzgeschichten hingegen sind in der Regel mehr am psychologisch motivierten Handeln einer Figur interessiert.

Die Kurzgeschichten des 19. Jahrhunderts haben fast alle ein Ereignis oder einen Fall zum Gegenstand. Deshalb bezeichnet man sie, wie wir später noch zeigen werden, auch als *plot stories*. Die formale Zentrierung der Geschichte kann aber dennoch auf ein Ding, einen Raum oder eine Person gerichtet sein. Außerdem können sich durchaus mehrere Zentrierungen überlagern, was der Geschichte dann eine besondere Dichte gibt. Dies geschieht vor allem in der Novelle. Ihrem dramatischen Wesen entsprechend ist sie ereignisbetont. Aber der Höhepunkt des Ereignisses wird oft noch zusätzlich durch ein Ding, den berühmten »Falken«, oder durch einen atmosphärisch gesättigten Raum markiert. Eine so mustergültige Novelle wie Storms *Schimmelreiter* ist zugleich Ding-, Orts-, Personen- und Ereignisgeschichte. Durch diese Mehrfachzentrierung verstärkt sich der von Poe geforderte einheitliche Eindruck, vorausgesetzt, die verschiedenen Zentrierungen haben ihrerseits ein gemeinsames

Zentrum; denn das Entscheidende in einer kurzen Geschichte ist, daß sie ihre ganze Energie zu einer einzigen Wirkung bündelt, da sie nicht die Möglichkeit des Romans hat, die Wirkung aus dem Widerspruch zwischen verschiedenen thematischen oder moralischen Positionen aufzubauen. Der Roman kann mehrere wirksame Zentren haben. Gerade dieses breite Wirkungsprofil macht seinen spezifisch epischen Charakter aus, während Novelle und Kurzgeschichte ihre stärkste Wirkung erreichen, wenn sie Einheit durch Singularität anstreben.

Situationszentrierung

Personen finden sich grundsätzlich immer in Situationen vor. Sie stehen in Beziehungen zu anderen Personen, sind eingebunden in die Gesellschaft und unterliegen dem moralischen Normensystem. Deshalb wird eine Geschichte, die die Psyche der Zentralfigur nuancierter darstellen will, ihr Augenmerk auf eben diese Situation richten. In der Novelle ist das allerdings kaum möglich, da Situationen sich so langsam verändern, daß sich daraus kein dramatisches Geschehen entwickeln kann. Um so stärker hat sich dagegen die moderne Kurzgeschichte auf das Darstellen von Situationen spezialisiert. Menschen auf einer Party oder danach, das zufällige Zusammentreffen zweier Personen, gemeinsame Unternehmungen wie Jagdausflüge u. ä. sind typische Gegenstände solcher Geschichten. In unserem Zusammenhang genügt es festzustellen, daß eine bestimmte klar umrissene Situation ein geeignetes Mittel ist, einer kurzen Geschichte erzählerische Einheit zu verleihen. Im nächsten Hauptkapitel werden wir zeigen, wie die Situationszentrierung durch eine bestimmte Technik der Fokussierung noch zusätzlich verstärkt wird.

Das Drei-Schritt-Schema

Ein einheitliches Ganzes besteht nach Aristoteles aus einem Anfang, einer Mitte und einem Schluß. Dies klingt wie eine Platitüde, doch kommt darin zum Ausdruck, daß auch das Einheitliche in sich gegliedert sein muß; denn um es in seiner Einheit überhaupt zu erkennen, muß man sehen können, wo es anfängt und wo es aufhört. Die einfachste Struktur, die dies ermöglicht, ist das Drei-Schritt-Schema. Es besagt, daß etwas mit einem ersten voraussetzungslosen Schritt beginnt, dem ein zweiter folgt, worauf sich ein dritter erahnen läßt, dem nichts mehr folgt. Unzählige Witze sind nach diesem Schema aufgebaut. Der folgende Witz zeigt in pointierter Kürze, wie das Drei-Schritt-Schema Einheit bewirkt und wie aus einem linearen Verlauf ein nichtlinearer wird, so daß eine erzählenswerte Geschichte entsteht. Anfrage an Radio Eriwan: Trifft es zu, daß die Regierung dem Astronauten Gagarin nach erfolgreicher Erdumkreisung ein Auto vom Typ Wolga geschenkt hat? Antwort: Im Prinzip ja, aber erstens handelte es sich nicht um den Astronauten, sondern um einen Bauern gleichen Namens aus der Nähe Moskaus, zweitens handelte es sich nicht um ein Auto vom Typ Wolga, sondern um ein Fahrrad, und drittens wurde dem Bauern Gagarin das Fahrrad nicht geschenkt, sondern gestohlen. Dieser Witz zeigt auf engstem Raum, wie die elementarste Mechanik einer Geschichte funktioniert. Ein erster Schritt baut Erwartungsspannung auf, ein zweiter bringt die Spannung auf einen Höhepunkt der Irritation, und ein dritter löst die Spannung in einer Richtung, die der linearen Fortsetzung der Anfangsrichtung völlig entgegengesetzt ist.

Bei kurzen Geschichten sollte man immer erst das Grundschema freilegen. Man wird dabei finden, daß es meistens ein Drei-Schritt-Schema ist. Bei Ereignisgeschichten ist dies fast die Regel, aber auch Situationsgeschichten lassen das Schema oft in verwischter Form erkennen, wie wir an dem Beispiel von Tschechow zeigen werden.

Das Problem des Spannungsaufbaus:
Pointierung und Fokussierung

Damit eine Geschichte künstlerisch befriedigt, muß sie nicht nur eine durchgängige Einheit aufweisen, sie muß auch etwas haben, wodurch sie den Leser bis zum letzten Satz gefangenhält. Das gebräuchliche Wort dafür ist Spannung. Allerdings hat dieses Wort für viele einen negativen Unterton; denn Spannung gilt als ein Kriterium, nach dem vor allem Leser von Trivialliteratur urteilen. Das hat inzwischen dazu geführt, daß manche modernen Texte allein schon deshalb für anspruchsvolle Literatur gehalten werden, weil sie außerordentlich langweilig sind. Darum sei vorweg gesagt, daß für jedes Kunstwerk, das sich in der Dimension der Zeit entfaltet – also Musik, Drama und Epik –, Spannung unabdingbar ist. Die Frage ist nur, wie der Künstler es erreicht, daß im Rezipienten nicht allein die Neugier auf das, was noch kommt, sondern eine intellektuell differenziertere Spannung geweckt wird. In unserem Buch *Wie interpretiert man einen Roman?* haben wir zwei Grundformen von Erzählspannung unterschieden: die *Longitudinalspannung*, die den Leser auf der Zeitachse zum Höhepunkt der Handlung und zur abschließenden Auflösung hinzieht, und die *Transversalspannung*, die quer zur Zeit zwischen den im Roman dargestellten gegensätzlichen Wertpositionen entsteht und dem Leser Befriedigung nicht durch Auflösung der Spannung, sondern durch Einsicht in eine gespannte Welt vermittelt. Letztere hatten wir als die künstlerisch höherrangige Form von Spannung bezeichnet, was wohl niemand bestreiten wird.

Im vorangegangenen Kapitel hatten wir gesagt, daß die Singularität des Effekts das Wesen der kurzen Erzählung ausmacht. Deshalb ist zu fragen, welche Möglichkeiten des Spannungsaufbaus sich in der Novelle und der Kurzgeschichte bieten. In jeder Erzählung, vom kürzesten Witz bis hin zum längsten Roman, ist grundsätzlich Longitudinalspannung möglich und darüber hinaus auch erforderlich, wenn sonst kein anderes Mittel eingesetzt wird, um im Leser den erwarteten Effekt auszulösen. Die Novelle, die bewußt einen dramatischen Handlungsaufbau anstrebt, kann auf Longitudinalspannung nicht verzichten. Wie das Drama erreicht sie in einer aufsteigenden Handlung einen Höhepunkt der Spannung, die dann in der absteigenden Handlung entweder durch ein positives Dénouement oder durch eine Katastrophe gelöst wird. Und wie im Drama kann dabei der Anstieg durch erregende Momente akzeleriert und der Abstieg durch retardierende Momente verzögert werden. Immer aber wird die Handlung einen Spannungshöhepunkt anstreben, der als solcher aus dem Handlungsfluß deutlich herausragt. Bei kürzeren handlungsbetonten Erzählungen, z. B. in der klassischen Kurzgeschichte, wird die Geschichte ebenfalls auf einen Höhepunkt zugespitzt, doch ist wegen des kurzen Anlaufs kein Raum für eine dramatische Entfaltung. Deshalb hat der Höhepunkt dann eher den Charakter einer Pointe. Wir wollen dieses Verfahren der Zuspitzung auf einen Handlungshöhepunkt hier allgemein als *Pointierung* bezeichnen. Zu den pointierten Erzählformen gehören die Novelle und die ältere Kurzgeschichte, wie sie von Poe, O. Henry und Maupassant geprägt wurde. Ihre kommerzialisierte Form, die schon bei O. Henry zu beobachten ist und danach lange Zeit die amerikanischen und auch die europäischen Magazine beherrschte, setzte ganz auf die Pointierungstechnik. In Amerika wurden Lehrbücher darüber verfaßt, wie man solche *plot stories* schreiben kann. Die so hergestellten Geschichten waren meist perfekt konstruiert, aber ohne inneres Leben. Deshalb suchten ernsthaftere Künstler gegen Ende des 19. Jahrhunderts nach einer neuen Form. Anton Tschechow war einer der ersten, der die Abkehr von der Ereignisgeschichte konsequent vollzog und den modernen Typ der Situationsgeschichte schuf. In ihr wird Spannung nicht mehr vertikal in Richtung auf einen Handlungshöhepunkt hin entwickelt, sondern horizontal durch *Fokussierung* einer Situation auf einen Punkt äußerster Verdichtung. Im Extremfall kann dabei auf Handlung ganz verzichtet werden, wenn eine Situation so erzählt wird, daß sich in ihr eine Spannung – z. B. eine Gereiztheit zwischen zwei Personen oder ein psychischer Spannungszustand in einer einzigen Person – auf einen Fokus hin verdichtet, bis der Leser das Gefühl hat, daß sich dort die gesamte Energie der Erzählung wie in einem Brennpunkt sammelt. Die unterschiedlichen Techniken der Fokussierung werden wir im Kapitel über die Kurzgeschichte noch näher betrachten.

Die Horizontalisierung des Spannungsverlaufs ist keine Besonderheit der modernen Kurzgeschichte. Auch der moderne Roman hat den Aufbau vertikaler Spannung vielfach aufgegeben und einen »horizontalen Erzählfluß« entwickelt (siehe *Wie interpretiert man einen Roman?*, S. 49 f.). James Joyces *Ulysses*, Musils *Mann ohne Eigenschaften* oder Döblins *Berlin Alexanderplatz* haben keine Plots im eigentlichen Sinne mehr, selbst wenn sie wie im Falle Döblins mit sensationellen Ereignissen aufwarten. Dies mag daher rühren, daß die traditionelle Form der longitudinal entwickelten Vertikalspannung durch die Unterhaltungsindustrie so trivialisiert worden ist, daß seriöse Autoren sie als künstlerisch entwertet ansehen. Es könnte aber auch sein, daß sich darin ein verändertes Lebensgefühl ausdrückt. So wie bestimmte Wissenschaften, die früher diachronisch (= historisch) betrieben wurden, heute vorwiegend synchronisch arbeiten, indem sie nach systematischen Strukturen quer zur Zeit suchen (z. B. die Sprachwissenschaft), so geht gegenwärtig anscheinend allgemein der Blick mehr quer als längs zur Zeit. Das teleologisch bestimmte Streben etwa nach ewiger Seligkeit oder unsterblichem Ruhm scheint inzwischen ganz dem Streben nach singulären Glücksmomenten gewichen zu sein, die man immer wieder mit immer stärkerer Intensität wiederholen möchte. Hier könnte man durchaus einen Zusammenhang mit der für die moderne Literatur so charakteristischen Form der fokussierten Spannung vermuten.

Das Problem der dichterischen Wahrheit:
Von der wirklichen Wahrheit
zur wahren Wirklichkeit

Jede fiktionale Dichtung nimmt auf die wirkliche Welt Bezug, indem sie diese darstellt und der Darstellung zugleich eine implizite Deutung mitgibt, die in gewisser Weise eine Wahrheitsaussage über das Dargestellte enthält. Dies kann die platte Bestätigung akzeptierter Normen oder die Vorspiegelung illusionärer Wunschbilder sein. Ein Autor von Rang wird aber weder das eine noch das andere tun, er wird vielmehr seine Fiktion so wahrhaftig gestalten, daß sich daraus eine tiefsinnige und meistens sehr ambivalente Aussage über die Wirklichkeit herauslesen läßt. Faßt man die europäische Literatur seit der Antike aus großer Distanz in den Blick, so wird man feststellen, daß sich die Art der »Wahrheitsaussage« vom 18. zum 19. Jahrhundert hin grundsätzlich geändert hat. Bis zur Goethezeit war die Literatur und ebenso die bildende Kunst darauf aus, im Abbild der Wirklichkeit normative Werte darzustellen. Die Theorie dafür hatte Aristoteles formuliert, der meinte, daß die Dichtung wahrer sei als die Geschichtsschreibung, weil sie nicht wie diese nur die Wirklichkeit abbilde, sondern das Mögliche darstelle, das sein könnte. Das Mögliche aber steht der ewigen Wahrheit der Ideen ontologisch näher als das Wirkliche. Es muß hier daran erinnert werden, daß Aristoteles gegen Platon argumentiert, der die Dichter als Lügner bezeichnete, weil sie nur Abbilder der Wirklichkeit schüfen, die ihrerseits nur aus Abbildern der Ideen bestehe.)

Renaissance, Barock, Klassik und Romantik vertraten eine Ästhetik, die von der Kunst die Darstellung des Allgemeingültigen erwartete. Shakespeare, Calderón, Molière, Goethe und Novalis, um nur einige der herausragenden Repräsentanten zu nennen, waren wie ihre Zeitgenossen davon überzeugt, daß im schönen Schein der Dichtung eine allgemeine universale Wahrheit sichtbar wird, die außerhalb der Sphäre der Sinnlichkeit in einer transzendenten Welt des Geistes existiert. Hier wird Aristoteles gewissermaßen platonisch verstanden; denn in Wirklichkeit war er der Ansicht, daß die Ideen nicht, wie Platon meinte, außerhalb der materiellen Welt existierten, sondern daß sie als substantiale Formen in den realen Dingen anwesend seien. Dieses platonische Verständnis des Aristoteles wich im 19. Jahrhundert einem wahrhaft aristotelischen. Jetzt setzte sich die Überzeugung durch, daß die Wahrheit in der Wirklichkeit selber liege, weshalb es gelte, diese gründlich zu erforschen. Das naturwissenschaftliche Denken drang mehr und mehr auch in die Literatur ein, bis Zola den Schriftsteller sogar zum Wissenschaftler erklärte, der wie ein empirischer Soziologe die menschliche Gesellschaft analysieren und in ihr die wahre Wirklichkeit des Menschen freilegen sollte. Betrachtet man die deutschen Novellen und die modernen, überwiegend amerikanischen Kurzgeschichten gegen diesen literarhistorischen Hintergrund, so ist auffällig, daß erstere noch der Suche nach einer normativen »wirklichen Wahrheit« verpflichtet sind, während letztere sich ganz entschieden um das Aufzeigen der »wahren Wirklichkeit« bemühen. Wenn diese Beobachtung richtig ist, hätten wir ein wichtiges Kriterium entdeckt, nach dem im Zweifelsfall entschieden werden kann, ob es sich um eine Novelle oder eine Kurzgeschichte handelt. Natürlich folgt daraus noch nicht zwingend, daß der Verweis auf die »wirkliche Wahrheit« auch notwendig zur Form der Novelle gehört. Da aber jede literarische Form durch ihre Tradition geprägt ist, ist es zumindest wahrscheinlich, daß in der Novelle dank dieser älteren Prägung der normative Wahrheitsbegriff fortlebt, während die jüngere Kurzgeschichte ihre Prägung durch die moderne empirische Vorstellung von der »wahren Wirklichkeit« erhalten hat. Unsere Interpretationen im Praktischen Teil werden diese These durch eine Fülle weiterer Indizien erhärten.

Erzählung, Novelle und Kurzgeschichte

Um die drei Hauptformen kurzer Geschichten näher zu bestimmen, wollen wir erst einmal das System der epischen Formen ganz allgemein durch ein graphisches Schema illustrieren und dabei die Formen in ein Koordinatensystem einordnen, das sich an zwei Parameterpaaren orientiert:

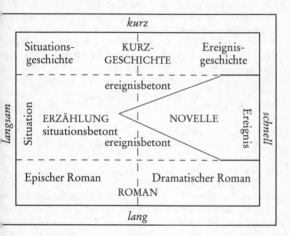

Am einfachsten und augenfälligsten sind die Parameter *Kürze–Länge*, die nur etwas Quantitatives angeben. Das zweite Paar hingegen versucht etwas Qualitatives zu fassen. Wir wollen diese Parameter *Situation* und *Ereignis* nennen. Man könnte beide Begriffe als die Grundelemente jeder Darstellung fiktionaler Wirklichkeit ansehen; denn entweder wird Wirklichkeit bei verlangsamter Zeit aus simultanen Beziehungen im Raum, d. h. aus Situationen, oder bei beschleunigter Zeit aus Geschehen, also aus sukzessiven Ereignissen aufgebaut. Deshalb könnte man der Einfachheit halber auch von den Parametern *langsam–schnell* sprechen.

Je nachdem welche Dimension im Vordergrund steht, wird sich eine langsame, situationsbetonte oder eine schnelle ereignisbetonte Form der Wirklichkeitsdarstellung ergeben. Das wiederum läßt unterschiedliche Erzähltypen erwarten.

Die Anordnung der Formen nach den Parametern Länge-Kürze dürfte kaum strittig sein, da sie den literarhistorischen Gegebenheiten entspricht. Anders verhält es sich mit den Parametern Situation–Ereignis bzw. langsam–schnell, die sich nicht auf meßbare Größen beziehen. Aber auch hier dürfte die Anwendung auf die gegebenen epischen Texte nicht schwerfallen. Daß es ausgesprochen epische und ausgesprochen dramatische Romane gibt, wird jeder aus eigener Leseerfahrung wissen. Fontanes extrem langsamer und darum situationsbetonter *Stechlin* und sein wesentlich schnellerer, ereignisbetonter Kriminalroman *Unterm Birnbaum* sind zwei beliebige Beispiele. Bei den kürzeren Erzählformen haben sich die langsamen und die schnellen als getrennte Typen ausgebildet, die wir jetzt erst einmal in groben Zügen vorstellen wollen, bevor wir drei von ihnen, die Novelle und die beiden Formen der Kurzgeschichte, näher bestimmen werden.

Die Erzählung gleicht in ihren wesentlichen Bauformen dem Roman, von dem sie sich nur dadurch unterscheidet, daß sie nicht wie dieser ein vielgliedriges raumzeitliches Kontinuum als epische Welt aufrollt, sondern ein einzelnes Geschehen erzählt, das aber durchaus mehrgliedrig und verzweigt sein kann. Insofern findet sich in ihr fast alles, was wir in unserem bereits erwähnten Buch zur Interpretation des Romans als dessen Elemente beschrieben haben. Nur das, was wir dort als Ryth-Muster bezeichnen, wird man in der Erzählung nicht finden. Vergleicht man den Erzählfluß von Roman und Erzählung mit einem Flußsystem, so bildet der Roman das System als ein zusammenhängendes Einzugsgebiet ab, während die Erzählung nur den Flußlauf mit einzelnen Nebenflüssen darstellt.

Bei manchen sehr langen Erzählungen wie etwa Tolstoj *Kosaken* (mit einem Umfang von ca. 200 Seiten) würde man heutzutage ohne weiteres von einem Roman sprechen. Bei Tschechows fast ebenso langer Erzählung *Die Steppe* wird man hingegen einer solchen Zuordnung kaum zustimmen, da ihr das romanhafte Gerüst eines strukturbildenden Geschehens fehlt. Hier haben wir es eher mit einer rhythmischen Abfolge von Situationen zu tun, so daß diese Erzählung viel näher an der Kurzgeschichte steht. Zerlegte man sie in ihre einzelnen Episoden, würden wir jede davon wahrscheinlich als eine fokussierte Kurzgeschichte empfinden.

Dem Typus Erzählung gehören alle epischen Kurzformen an, die entweder eine mehrsträngige Handlung aufweisen, in Episoden gegliedert sind oder auf andere Weise epische Langsamkeit erhalten. Dabei ist der Übergang zum Roman so fließend, daß die beiden Begriffe heutzutage oft ganz unterschiedslos gebraucht werden. Es empfiehlt sich aber, den Begriff Roman grundsätzlich für solche Erzählwerke zu reservieren, die nicht nur ein räumlich und zeitlich gegliedertes Geschehen erzählen, sondern den raumzeitlichen Kontext als eine umfassende Einheit gestalten. Wo diese fehlt, haben wir es mit einer Erzählung zu tun. Das bedeutet, daß viele der heute als Roman veröffentlichten Prosawerke in Wirklichkeit Erzählungen sind, da sie ein singuläres Geschehen in einen lockeren romanhaften Erzählfluß einbetten, ohne eine raumzeitlich einheitliche fiktionale Welt zu gestalten.

Die *Novelle* unterscheidet sich von der Erzählung dadurch, daß sie eine dramatisch aufgebaute Handlung hat und demnach zu den schnellen Erzählformen gehört. Das novellistische Moment in ihr findet sich auch in dramatisch aufgebauten Romanen und in ereignisbetonten Kurzgeschichten. Man kann deshalb von novellistischen Romanen und novellistischen Kurzgeschichten sprechen. Da die Novelle aber in der deutschen Literatur eine sehr klar definierte Form erhalten hat, unterscheidet sie sich von den anderen novellistischen Lang- und Kurzformen deutlicher als die Erzählung von den entsprechenden langsamen Lang- und Kurzformen. In unserem Schema haben wir dies durch durchgehende bzw. gestrichelte Trennungslinien zum Ausdruck gebracht.

Die *Kurzgeschichte* bildete sich zuerst in der schnellen Form als *Ereignisgeschichte* aus, während die langsame *Situationsgeschichte* als die spezifisch moderne Form der Kurzgeschichte erst gegen Ende des 19. Jahrhunderts aufkam. Allweiteren definitorischen Bestimmungen wollen wir in den folgenden Einzelkapiteln vornehmen.

Die Novelle

Die Novelle in ihrer spezifisch deutschen Ausprägung gilallgemein als die strengste Form der Prosaerzählung. Den noch läßt auch sie sich nicht so scharf definieren, daß ein unstrittige Zuordnung aller in Frage kommenden Werke zerwarten ist. So nimmt Benno von Wiese einige Novellen iseine Interpretationssammlung *Die deutsche Novelle* auf denen andere Kritiker diese Bezeichnung kaum zubilligewürden, z. B. *Peter Schlehmihls wundersame Geschichte* voChamisso, Gotthelfs parabolische Erzählung *Die schwarzSpinne* und Kafkas *Hungerkünstler.* Auch Schillers *Verbrecher aus verlorener Ehre* dürfte längst nicht bei allen alNovelle passieren. Und daß von Kleist ausgerechnet de*Michael Kohlhaas* ausgewählt wurde, dürfte ebenfalls auWiderspruch stoßen; denn diese als Chronik erzähltAbfolge von Begebenheiten ist sicher weit weniger novellistisch angelegt als die anderen Erzählungen, die die Bezeichnung Novelle mit vollem Recht tragen.

Fast jeder, der sich um eine Definition der Novelle bemühzitiert als ersten Gewährsmann Goethe, der am 29. Janua1827 ein Gespräch mit Eckermann führte, in dem es um diFrage ging, welchen Titel er einer gerade fertig gewordenekurzen Erzählung geben sollte. Eckermann notierte:

> »Wissen Sie was«, sagte Goethe, »wir wollen es diNovelle nennen; denn was ist eine Novelle anders aleine sich ereignete unerhörte Begebenheit.«

Der Erkenntniswert dieser Definition steht in keinem Verhältnis zu der Häufigkeit, mit der sie zitiert wird. Und auch die oft behauptete Modellhaftigkeit von Goethes *Novelle* ist äußerst fraglich. Die Geschichte ist eine einfache, einsträngige Erzählung folgenden Inhalts: Bei einem Brand entweichen aus einem Jahrmarktszirkus ein Tiger und ein Löwe. Ein Jäger erlegt den Tiger und will auch den Löwen erschießen. Doch auf Drängen des Zirkusbesitzers läßt er einen kleinen Jungen zu dem Löwen gehen und diesen mit Musik in den Transportkäfig locken. Die Geschichte ist dank Goethes Kunst von einem Hauch des Wunderbaren durchweht, aber eine novellistische Handlung wird man darin kaum ausmachen können. Die »unerhörte Begebenheit« wird einfach berichtet, ohne daß es dabei zu einem dramatischen Handlungsaufbau kommt, wie er allgemein als typisch für die Novelle angesehen wird. Das einzige, das hätte passieren können, wäre der Tod des Löwen gewesen. Nicht das gefährliche Ereignis, sondern das Wunder der besänftigenden Wirkung der Musik auf den Löwen steht im Mittelpunkt. Die Erzählung gleicht deshalb eher einer in Prosa geschriebenen Ballade. Man könnte sie z. B. mit Schillers Ballade *Der Handschuh* vergleichen. So wie Goethes *Novelle* nicht als Modell dieser Erzählform gelten kann, so kann auch seine Formel von der »unerhörten Begebenheit« nicht als Definition genügen, da sie nur ein stoffliches, aber kein einziges strukturelles Merkmal der Novelle angibt.

Weit brauchbarer ist dagegen die Definition, die August Wilhelm Schlegel in seinen 1803 und 1804 gehaltenen *Vorlesungen über schöne Literatur und Kunst* gibt. Er sieht (Theodor Storms Formel von der »Schwester des Dramas« vorwegnehmend) das Wesen der Novelle in ihrer dramatischen Struktur:

> Deswegen muß es nun auch in der modernen Poesie eine eigentümlich historische Gattung geben, deren Verdienst darin besteht, etwas zu erzählen, was in der eigentlichen Historie keinen Platz findet, und dennoch allgemein interessant ist. [. . .]

Die Gattung, welche sich dies vornimmt, ist di Novelle, und hieraus läßt sich einsehen, daß sie, um ec zu sein, von der einen Seite durch seltsame Einzigke auffallen, von der andern Seite eine gewisse allgemein Gültigkeit haben muß [...].

So viel ist gewiß: die Novelle bedarf entscheidende Wendepunkte, so daß die Hauptmassen der Geschicht deutlich in die Augen fallen, und dies Bedürfnis hat auc das Drama. [...]

In der Novelle muß etwas geschehen [...].

Um eine Novelle gut zu erzählen, muß man das Alltäg liche, was in die Geschichte mit eintritt, so kurz w möglich abfertigen, und nicht unternehmen es auf ung hörige Art aufstutzen zu wollen, nur bei dem Auße ordentlichen und Einzigen verweilen, aber auch dies nicht motivierend zergliedern, sondern es eben posit hinstellen, und Glauben dafür fodern. Das Unwah scheinlichste darf dabei nicht vermieden werden, vie mehr ist es oft gerade das Wahrste, und also ganz an se ner Stelle. An die materielle Wahrscheinlichkeit, d. h. d Bedingungen der Wirklichkeit eines Vorfalls, muß sic der Erzähler durchaus binden, hier erfodert sein Zwec die größte Genauigkeit. [...]

Die Sache verhält sich so: die Novelle ist eine Geschicht außer der Geschichte, sie erzählt folglich merkwürdig Begebenheiten, die gleichsam hinter dem Rücken de bürgerlichen Verfassungen und Anordnungen vorgefal len sind. Dazu gehören teils seltsame bald günstige bal ungünstige Abwechslungen des Glücks, teils schlau Streiche, zur Befriedigung der Leidenschaften unte nommen. Das erste ergibt hauptsächlich die tragische und ernsten, das letzte die komischen Novellen.

Aus den in diesem Textauszug enthaltenen Bestimmung merkmalen läßt sich folgende Definition gewinnen, die a die Mehrzahl der deutschen Novellen sehr gut paßt:

1. Die Novelle fingiert einen *Bezug zur tatsächlichen Real*

it. Damit ist die bewußt irreale Fiktion des Märchens
ebenso von der Novelle ausgeschlossen wie die uneigentli-
he, d. h. gleichnishafte oder parabolische Darstellung durch
ine Fiktion, die selber keinen Wirklichkeitsanspruch stellt,
ondern nur eine übertragene Bedeutung transportieren
vill.

. Die Novelle betont wie das Drama das *Geschehen* und
icht den Zustand. Damit sind stationäre Beschreibungen
ebenso ausgeschlossen wie die Schilderung von sich langsam
ntwickelnden Situationen.

. Die Novelle zeigt eine *extreme Abweichung von der all-
iglichen Wahrscheinlichkeit*, doch muß das Ereignis unter
en Bedingungen der Wirklichkeit als grundsätzlich möglich
edacht werden können, so daß der Erzähler »Glauben dafür
o[r]dern« kann. Damit sind auf der einen Seite alle märchen-
aften Formen des Wunderbaren und auf der anderen Seite
reignisse von alltäglicher Banalität ausgeschlossen. Zulässig
nd aber alle Abweichungen, die man heutzutage als para-
ormal, parapsychologisch und paraphysikalisch bezeichnet,
a deren Eintreten nicht von vornherein aus logischen oder
hysikalischen Gründen unmöglich ist.

. Die Novelle *reduziert* ihre fingierte Realität unter Weg-
ssung des Alltäglichen auf das *Bedeutende*, wobei die
bweichung von der Alltagswahrscheinlichkeit bewußt
ngestrebt wird. Der Roman hingegen füllt seine fingierte
ealität mit alltäglichen Details auf, um so das Gewöhnliche
nd Wahrscheinliche als bedeutend erscheinen zu lassen.

. Die Novelle *weist über ihre Fiktion hinaus*; der Roman
eigt etwas in seiner fiktionalen Wirklichkeit auf. Auch darin
nelt die Novelle dem Drama, das immer mit einer »Lö-
ung« endet, also einem Resultat, von dem her das Ge-
hehen seine Bedeutung erhält. Im Roman ist die darge-
ellte Wirklichkeit selbst das Bedeutende und der Ausgang
ur eine Folge davon.

. In der Novelle – wie im Märchen, in der Parabel, der Sage
nd Legende – liegt das *Wahrheitszentrum außerhalb der
iktion*. Im Roman und der Kurzgeschichte liegt es inner-

halb. Doch wie im Roman und der Kurzgeschichte fingiert
die Novelle keine irreale, uneigentliche oder nur als Glau-
bensinhalt reale Wirklichkeit, sondern eine tatsächliche.

Der »Falke«

Aus unserer Definition der Novelle ergibt sich folgerichtig
ein erzähltechnisches Problem, um dessen Lösung sich alle
Novellenerzähler so auffallend bemüht haben. Wenn die
Novelle auf ein Wahrheitszentrum außerhalb ihrer fiktionalen Welt verweist, dann muß diese Sphäre des Allgemeingültigen auf irgendeine Weise in der Fiktion verankert sein.
Dem Romanerzähler stellt sich dieses Problem nicht, da er ja
das Allgemeingültige in seiner fingierten Realität aufzeigt. Er
kann es infolgedessen im Charakter seiner Figuren, in den
ethischen Aspekten der Handlung oder in der gesellschaftlichen Interaktion freilegen. Der Novellenerzähler dagegen
muß eines seiner Elemente so gestalten, daß es über die
Grenzen der Fiktion hinausweist. Ein Charakter könnte
diese Funktion nur dann erfüllen, wenn er so weit entindivi-
dualisiert ist, daß er repräsentativ für etwas Allgemeine
wird. Das ist zum Beispiel bei einer halbmythischen Figur
wie Fouqués Undine oder bei einem so rätselhaften Wesen
wie Kleists Findling der Fall. Ansonsten aber steht der Allgemeingültigkeit einer Figur immer deren Individualität im
Wege. Das gleiche gilt für das Handeln der Figuren, das einer
individuellen psychologischen Motivation entspringt. Auch
der in einer Novelle dargestellte Gesellschaftsausschnitt läßt
sich schlecht als Verweis auf Allgemeingültiges ausformen,
da dieser Bereich der Fiktion vom Leser so gut wie immer als
Abbild von Realität und damit als etwas ganz Konkretes
empfunden wird. Am leichtesten ist es bei einem *Gegenstand*, ihn so mit Bedeutung aufzuladen, daß er jenen Ver-
weisungscharakter annimmt, den wir in seiner reinsten Form
vom dichterischen Symbol her kennen. Aber selbst wenn der
Gegenstand keine symbolische Interpretation zuläßt, kann

r dennoch auch als bloßes Zeichen die fingierte Wirklichkeit
nit der Sphäre des Allgemeingültigen verknüpfen. Ein kur-
er Blick auf die Titel der bekanntesten Novellen genügt, um
u sehen, daß viele Novellenerzähler sich für dieses Verfah-
en entschieden haben. *Das Marmorbild* (Eichendorff), *Die
udenbuche* (Droste-Hülshoff), *Das Amulett* (C. F. Meyer)
nd *Der Schimmelreiter* (Storm) sind typische Novellentitel,
ie einen Gegenstand nennen, der im Zentrum der Erzäh-
ung die fiktionale Welt zum Allgemeingültigen hin öffnet,
hne daß er in jedem Fall eine tiefsinnige symbolische
Bedeutung haben müßte.

'aul Heyse, ein sehr fruchtbarer, allerdings trotz seines
Nobelpreises heute fast vergessener Novellenautor, hat mit
lem sicheren Instinkt des Praktikers das hier erörterte Pro-
lem gesehen und daraufhin eine *Falkentheorie* aufgestellt,
ie seinen Namen in der Literaturwissenschaft bewahrt hat,
vährend seine Novellen vergessen sind. Die Theorie besteht
us einigen knappen, bildhaften und ganz und gar untheore-
ischen Sätzen, in denen er zwei Forderungen an eine
Novelle stellt: erstens müsse sie »eine starke, deutliche Sil-
ouette« haben und zweitens müsse diese Silhouette sich in
inem Punkt verdichten. Was er darunter versteht, erläutert
r am Beispiel von Boccaccios neunter Novelle vom fünften
'ag des Decameron, deren Inhaltsangabe in wenigen Sätzen
ler Geschichte vorangestellt wird:

> Federigo degli Alberighi liebt, ohne Gegenliebe zu fin-
> den; in ritterlicher Werbung verschwendet er all seine
> Habe und behält nur noch einen einzigen Falken; die-
> sen, da die von ihm geliebte Dame zufällig sein Haus
> besucht und er sonst nichts hat, ihr ein Mahl zu berei-
> ten, setzt er ihr bei Tisch vor. Sie erfährt, was er getan,
> ändert plötzlich ihren Sinn und belohnt seine Liebe,
> indem sie ihn zum Herrn ihrer Hand und ihres Vermö-
> gens macht.

Ieyse meint, daß ein Novellendichter gut daran täte, sich
uerst zu fragen, »wo ›der Falke‹ sei, das Spezifische, das

diese Geschichte von tausend anderen unterscheidet«. Diese
konkrete, bildhafte Zentrum der Geschichte braucht, wie
oben gesagt, kein bedeutungsträchtiges Symbol zu sein. Es
genügt, wenn es die ganze dramatische Bewegungsenergie
der Erzählung wie in einem Brennpunkt auf sich versammelt. Es braucht übrigens auch nicht unbedingt ein Gegenstand zu sein. Eine auf engstem Raum zusammengedrängte
Handlung wie etwa der Zweikampf in Kleists gleichnamiger
Novelle erfüllt den gleichen Zweck. Aber selbst dann zeigt
sich, daß die Autoren bestrebt sind, in einem solchen Zentrum einen noch präziseren Brennpunkt zu markieren. So
sammelt Kleist die dramatische Intensität des Zweikampfes,
der den Höhepunkt der Novelle darstellt, bildhaft in den
beiden Wunden, die die Kämpfer davontragen. Der Schul-
dige ist offenbar nur leicht verletzt, während der Kämpfer,
der für die schuldlose Seite ficht, tödlich getroffen zu sein
scheint. Doch das Wunder geschieht: letzterer wird gesund
und ersterer stirbt an seiner scheinbar harmlosen Wunde.
Auch in *Michael Kohlhaas* führt Kleist zuletzt noch einen
solchen Brennpunkt ein, der das breit dahinfließende
Geschehen novellistisch zuspitzt. Kohlhaas besitzt einen
Zettel mit einer den Kurfürsten von Sachsen betreffenden
Weissagung einer Zigeunerin. Er hätte mit diesem Zettel
seine Rettung erkaufen können. Aber er benutzt ihn, um sich
noch im Tode an dem wortbrüchigen Kurfürsten zu rächen.
Statt diesem den Zettel im Tausch gegen seine Errettung zu
überlassen, verschluckt er ihn und läßt sich hinrichten. So
verwandelt sich zuletzt die historische Erzählung doch noch
in eine echte Novelle. Es wäre sicher überspitzt und durch
Beispiele leicht zu widerlegen, wenn man den »Falken« als
einen unabdingbaren Bestandteil jeder Novelle ansähe. Aber
einen Brennpunkt in dem oben beschriebenen Sinne schein-
in der Tat jede zu haben, und er ist auch fast immer auf leicht
erkennbare Weise markiert.

Was genau ist nun aber die Funktion des »Falken«? Erschöpft sie sich darin, daß die »Silhouette« der Novelle
gleichsam ihren perspektivischen Fluchtpunkt erhält? Di-

ahlreichen deutschen Novellen, die einen falkenähnlichen Mittelpunkt aufweisen, lassen erkennen, daß es dabei nicht nur um die erzähltechnische Pointierung und Zentrierung der Geschichte geht. Der Falke wirkt fast immer auch wie ein geheimnisvolles Fenster, das die fingierte Innenwelt der Novelle zu der sinnstiftenden Sphäre des Allgemeingültigen hin öffnet. Er hat infolgedessen entweder die Aura des Schicksalhaften, der göttlichen Fügung, des Wunderbaren oder des Dämonischen. Dieser Befund scheint unsere oben dargelegte Wesensbestimmung der Novelle zu bestätigen. Offenbar erhält die Novelle ihren charakteristischen Grundzug eben dadurch, daß sie aus ihrem Inneren gewissermaßen einen verweisenden Pfeil auf ein Wahrheitszentrum außerhalb der Fiktion richtet. Selbst eine durch und durch naturalistische Novelle wie Gerhart Hauptmanns *Bahnwärter Thiel* öffnet ein solches Fenster, nämlich in Gestalt von Thiels verstorbener ersten Frau Minna. Deren Bild verfolgt ihn wie eine Halluzination und führt bei ihm zu Momenten einer traumhaften Hellsichtigkeit, in denen er auf den Grund seines ehelichen Unglücks schaut, bis die Hellsichtigkeit nach dem Unfalltod seines Sohnes Tobias in Wahnsinn umschlägt. Und als er in geistiger Umnachtung seine zweite Frau und ihr gemeinsames Kind getötet hat, wird die dramatische Energie dieser abwärts gerichteten Katastrophenbewegung noch einmal in einem Bild versammelt: Der wahnsinnige Thiel bewacht »mit eifersüchtiger Sorgfalt und Zärtlichkeit« das »braune Mützchen« des toten Tobias. Auch dieses Schlußbild öffnet die Fiktion ins Allgemeingültige. Die Mütze ist das konkrete Zeichen seiner letzten Verbindung mit Minna, der Mutter seines Tobias. Sie ist damit wie die Wunde in Kleists *Zweikampf* eine letzte Verdichtung des falkenartigen Komplexes, der mit den halluzinatorischen Erscheinungen Minnas eingeführt und in der Mütze wie in einem Brennpunkt zusammengefaßt wird.

Die Kurzgeschichte

Nicht jede kurze Geschichte ist eine Kurzgeschichte. Aber jede Kurzgeschichte ist eine kurze Geschichte. Damit sind zwei erste Eckpunkte gesetzt: eine Kurzgeschichte muß kurz und eine Geschichte sein. Kürze ist ein relativer Begriff. Manche Kritiker wollen der Kurzgeschichte nur 12 000 Wörter zugestehen, andere ziehen erst bei 30 000 Wörtern die Grenze. Amerikanische Kritiker haben angesichts dieser Unschärfe noch einen weiteren definitorischen Pflock eingerammt, indem sie für Geschichten unter 2 000 Wörtern den Begriff *short short story* einführten und dafür sogar eigene strukturelle Gesetzmäßigkeiten reklamierten. Die zweite Bedingung zieht die Maschen unseres Netzes kaum enger, denn kürzer als 30 000 Wörter und gleichzeitig Geschichte sind auch viele *Novellen* und *Erzählungen* sowie *Märchen, Legenden, Sagen, Fabeln, Parabeln, moralisierende Kalendergeschichten* und *Anekdoten.* Deshalb gilt es, präzisere Unterscheidungskriterien zu finden. Wir sagten zu Anfang, daß es keine naturgegebene Gattung der Kurzgeschichte gebe, sondern daß sie das sei, als was man sie definiert. In diesem Fall spricht die terminologische Ökonomie dafür, den Begriff so zu definieren, daß er möglichst vollständig das Feld derjenigen Gegenstände abdeckt, die bisher als Kurzgeschichten bezeichnet wurden. Aber auch dies ist kein einfacher Ausweg; denn im literarhistorischen Rückblick lassen sich sehr unterschiedliche Ausformungen der Kurzgeschichte unterscheiden, auf die wir anschließend noch eingehen werden. Um erst einmal die all diesen Ausformungen gemeinsame Grundform zu fassen, wollen wir versuchen, sie an Hand von fünf Kriterien aus der Masse der kurzen Erzählungen herauszufiltern, um sie dann nach einem sechsten Kriterium in zwei Klassen einzuteilen.

Erstes Sieb: *Singularität des Gegenstands*

Dieses Sieb hält von den genannten Kurzformen nur diejenigen zurück, die wie kurze Romane entweder ein episodisch gegliedertes oder ein verzweigtes Geschehen aufweisen und die wir als *Erzählung* definierten. Es gibt aber auch Geschichten mit singulärem Gegenstand, die durch ihre auktoriale Erzählweise zur Erzählung werden. Sie werden hier noch nicht ausgeschieden.

Zweites Sieb: *Realitätsbezug*

Selbst die phantastischste Kurzgeschichte erwartet vom Leser, daß er sie als fingierte *Realität* auffaßt. Damit unterscheidet sie sich grundsätzlich vom *Märchen*, das diesen Anspruch nicht stellt. Bei letzterem wissen wir immer, daß das Dargestellte etwas Irreales ist. Wir haben es deshalb im Kapitel »Kurze Geschichten« als fingierte Irrealität bezeichnet.

Drittes Sieb: *Fiktionalität*

Die Kurzgeschichte will als *Fiktion* von Wirklichkeit gelesen werden, nicht als Abbild einer historischen Realität. Folglich hält dieses Sieb *Legende*, *Sage* und *Anekdote* zurück, die alle drei auf unterschiedliche Weise auf die historische Realität Bezug nehmen.

Viertes Sieb: *Das immanente Wahrheitszentrum*

Dieses Bestimmungsmerkmal haben wir im Vorangegangenen ausführlich erörtert. Es ist das entscheidende Kriterium, nach dem die Kurzgeschichte sowohl von der *Novelle* als auch von der *Fabel*, der *Parabel* und der *moralisierenden Kalendergeschichte* unterschieden werden kann. Das setzt allerdings voraus, daß man eine strenge Definition anstrebt, die sich an den Werken von Poe bis Hemingway orientiert. Die deutsche Literaturkritik pflegt dagegen auch parabolische Erzählungen und solche des Kalendergeschichtentyps als Kurzgeschichten zu bezeichnen.

Die Kurzgeschichte im strengen Sinn stellt ein Stück Wirklichkeit dar und will darin das freilegen, was wir die »wahre Wirklichkeit« nannten. Sobald sie einen Bezug auf eine allgemeine Wahrheit außerhalb der Erzählung erkennen läßt, nähert sie sich den oben genannten anderen Formen. Viele deutsche Kurzgeschichten sind nach unserer Definition gar keine, sondern verkappte Kalendergeschichten, darunter z. B. so bekannte Geschichten wie *Die Waage der Baleks* von Heinrich Böll oder *Das dicke Kind* von Marie Luise Kaschnitz, die sich im Deutschunterricht großer Beliebtheit erfreuen. Die erste erzählt eine Art moralisierende Sage, die zweite ein moralisches Märchen, wie Dickens in seinen Weihnachtsgeschichten und Hans Christian Andersen in seinen Kunstmärchen. Die klassische Kurzgeschichte vermeidet aber gerade solche Bezugnahmen auf allgemeine, außerhalb der Erzählung liegende Normen. Dies gilt auch für so phantastische Geschichten wie die von Ambrose Bierce, die trotz allem ein Abbild von Realität fingieren. Kafkas Erzählungen bauen eine solche Fiktion nicht auf, deshalb sind sie auch keine Kurzgeschichten, sondern parabolische Geschichten, deren Wahrheitszentrum außerhalb des Erzählten liegt, auch wenn es bisher noch von keinem Interpreten überzeugend freigelegt worden ist.

Fünftes Sieb: *Nichtauktoriale Erzählweise und kurze Erzählerdistanz*

Die meisten amerikanischen Kurzgeschichten werden entweder in der Ich-Form erzählt oder personal aus der Sicht einer Person in der Geschichte. Wenn ein Erzähler spürbar ist, dann ein solcher, der als Zeuge in der Geschichte auftritt und nicht auktorial über ihr steht. So verwendet Edgar Allan Poe ganz bewußt die Ich-Form, um das Übernatürliche seiner Geschichten für den Leser glaubwürdig zu machen. Wo der Stoff selbst schon so realistisch ist, daß er einer solchen Authentisierung nicht bedarf, wird nahezu ausnahmslos aus personaler Sicht erzählt. In letzterem Fall bemühen sich die Autoren, auch stilistisch nicht in der Erzählung spürbar zu sein. Das gelingt am leichtesten dadurch, daß die Geschichte möglichst weitgehend in Dialogform erzählt wird. Dies geschieht besonders bei Tschechow und Hemingway.

Das Kriterium der kurzen Erzählerdistanz trennt die Kurzgeschichte von der auktorialen *Erzählung* und vom *Bericht*. Beide weisen große Erzählerdistanz auf und die Erzählung zudem noch spürbare Präsenz des auktorialen Erzählers.

Sechstes Sieb: *Ereignis- oder Situationsgeschichte?*

Hat eine Geschichte die ersten fünf Siebe passiert, so ist anzunehmen, daß es sich um eine Kurzgeschichte handelt. Jetzt gilt es festzustellen, welchem Grundtyp sie angehört. Ist sie auf einen Höhepunkt, also auf eine Pointe hin angelegt, so setzt dies ein unerwartetes Ereignis voraus, dessen Bewältigung durch die zentrale Person zur Auflösung der Spannung führt. In diesem Fall hätten wir es mit einer pointierten *Ereignisgeschichte* zu tun. Fehlt hingegen der Höhepunkt und wird statt dessen eine ereignislose Situation auf einen Fokus hin verdichtet, so ist es eine *Situationsgeschichte*. (Ist kein Fokus auszumachen, dürfte es sich eher um die *Skizze* einer Situation oder um eine *Impression* statt um eine Kurzgeschichte handeln.)

Zusammenfassende Definition

Die Kurzgeschichte ist eine epische Prosaform, die aus kurzer Erzählerdistanz ein singuläres Ereignis bzw. eine singuläre Situation als fingierte Realität darstellt und durch Pointierung oder Fokussierung darin die »wahre Wirklichkeit« freilegt, ohne auf ein allgemeines Wertsystem außerhalb des Erzählten Bezug zu nehmen.

Hauptformen der Ereignisgeschichte

Die ereigniszentrierte Kurzgeschichte war das ganze 19. Jahrhundert hindurch die Standardform, und sie blieb es in populären amerikanischen Magazinen auch noch in unserem Jahrhundert. In der langen Zeit ihrer Herausbildung hat sie Spezialformen entwickelt, die als unterscheidbare Typen leicht zu erkennen sind und die von den Autoren zum Teil wie standardisierte Gußformen gehandhabt wurden. Die wichtigsten wollen wir hier gesondert betrachten.

Vorformen

In der ersten Hälfte des 19. Jahrhunderts läßt sich überall in den europäischen Literaturen und in Amerika beobachten, wie sich eine neue realistische Form der kurzen Erzählung herauszubilden beginnt. Einer der ersten auf diesem Felde war der Amerikaner Washington Irving, der in seinem *Skizzenbuch* (1819/20), angeregt durch Walter Scott, neben Essays und anderen Betrachtungen auch die Geschichte *Rip van Winkle* herausbrachte, die oft als erste Kurzgeschichte angesehen wird. Um eine solche Zuordnung zu rechtfertigen, ist die Geschichte allerdings zu sehr als folkloristische Sage angelegt. Dennoch kleidet sie das Übernatürliche der Begebenheit nicht in eine romantisch poetisierte Fiktion, sondern in die Form einer realistischen Erzählung. Der Kurzgeschichte sehr viel näher kommt Walter Scott selbst mit seiner 1827 erschienenen Erzählung *Die beiden Viehtreiber (The Two Drovers)*. Sie zeigt bereits die wesentlichen Merkmale der neuen Form: sie ist realistisch, stark dialogisiert, beschränkt sich auf ein singuläres Ereignis und hat ihr Wahrheitszentrum im Erzählten, nämlich in der »wahren Wirklichkeit« eines realen Kulturkonflikts. Nur das schicksalhaft aufgeladene Motiv des Dolches, das die tödliche Katastrophe bereits ahnen läßt, erinnert an die Falkenfunktion und gibt der Geschichte einen Hauch des Novellistischen.

In England, wo es keine ausgeprägte Novellentradition gab, löste sich die Kurzgeschichte in der Regel vom Roman ab, wobei sie lange Zeit die Zwischenform der Erzählung beibehielt. In den kontinentaleuropäischen Literaturen ging sie dagegen aus der Novelle hervor. An Mérimées *Mateo Falcone* (1829) und Puschkins *Postmeister* (1831) läßt sich beobachten, wie sich dieser Übergang anbahnt. So hat Puschkins Erzählung bereits die realistische Direktheit der Kurzgeschichte, weil der auktoriale Erzähler durch eine Erzählerfigur ersetzt wird. Andererseits wirkt der wiederholte Hinweis auf die Bilderserie vom verlorenen Sohn, die im Zimmer des Postmeisters an der Wand hängt, wie ein vom Autor bewußt konstruierter verweisender Pfeil, also eine Art »Falke«, der auf eine allgemeine Wahrheit hinweist. Es ist also noch eine Novelle, die aber schon die Züge der Kurzgeschichte ahnen läßt.

In Amerika kam es unter europäischem Einfluß und auf Grund der Lesernachfrage nach kurzen Erzählungen zu einer stärkeren Ausbildung der novellistischen Form als im früheren englischen Mutterland. Hawthorne, Melville und Henry James sind herausragende Beispiele dafür. Und noch in diesem Jahrhundert schrieb Steinbeck mit *Die Perle* eine echte Novelle, die sogar ihren »Falken« im Titel führt.

Novellistische Kurzgeschichte

Die Grundform der Ereignisgeschichte ist eine Novelle mit einem ins Innere der Erzählung verlagerten Wahrheitszentrum. Das bedeutet, daß sie mit der Novelle die dramatische Handlung und die Pointierung gemein hat; da sie aber kürzer ist, entwickelt sie die Handlung nicht dramatisch, sondern konzentriert sich auf das zentrale Ereignis. Und da ihr Wahrheitszentrum im Erzählten liegt, muß sie entweder äußere Erfahrungswirklichkeit (Bret Harte) oder psychologisch nachvollziehbare innere Erlebniswirklichkeit (Poe, Bierce) darstellen. Das Novellenschema, das aus Exposition, aufsteigender Handlung, Wendepunkt und absteigender Handlung besteht, wird in der novellistischen Kurzgeschichte oft so verkürzt, daß nur noch eine aufsteigende Handlung zur Pointe hinführt und in letzterer der Höhepunkt und die absteigende Handlung zusammenfallen. Das Schema des Aufbaues einer Spannung und deren Lösung durch eine

Pointe liegt aber allen Ereignisgeschichten zugrunde. Insofern sind sie alle mehr oder weniger novellistisch gebaut, so daß die folgenden Typen nur als Sonderformen des novellistischen Typs anzusehen sind.

Fallgeschichte (*tale of ratiocination*)

Poe war der erste, der die Novelle, mit deren europäischer Tradition er durch die Lektüre von Fouqué und E. T. A. Hoffmann vertraut war, vollständig in die Kurzgeschichte umformte. Dies gelang ihm dadurch, daß er eine neue Erzählform erfand, die er als *tale of ratiocination* bezeichnete. Es ist der Typus einer Fallgeschichte, in der ein Ereignis der Vergangenheit durch scharfsinnige logische Schlußfolgerung (= ratiocination) aufgeklärt wird. Diese Form des *analytischen* Handlungsaufbaus findet ihre reinste Ausprägung in der von Poe entwickelten Detektivgeschichte. Sein Auguste Dupin aus *Die Morde in der Rue Morgue* und zwei weiteren Geschichten ist der erste in der langen Reihe weltberühmter literarischer Detektive. Aber auch die Geschichte *Der Goldkäfer*, in der es nicht um die Aufklärung eines Verbrechens geht, ist ein Musterbeispiel für *ratiocination*; denn in ihr wird mit gleichem Scharfsinn ein vergrabener Schatz ausfindig gemacht. Die Fallgeschichte erreicht schon durch ihre strukturelle Grundsituation die Abkehr von der novellistischen Form. Das entscheidende Geschehen ist bereits abgeschlossen, es kann durch nichts Wunderbares oder Schicksalhaftes mehr beeinflußt werden. Das Wahrheitszentrum liegt damit von Anfang an innerhalb der erzählten Wirklichkeit. Der Hauptnachteil der Fallgeschichte ist allerdings ihre Beschränkung auf eine kleine Anzahl erzählerischer Möglichkeiten, die schnell erschöpft sind. Deshalb hat diese Form nur selten außerhalb der Detektivgeschichte Verwendung gefunden.

Tall tale

Eine spezifisch amerikanische Form der Kurzgeschichte ist die *tall tale*. Es ist eine Lügengeschichte, die – anders als die Münchhausensche Variante – von einer realistischen Fiktion ausgeht und gewöhnlich einen pseudohistorischen Helden hat, z. B. den sagenhaften Paul Bunyan. Diese an Lagerfeuern und in Saloons erzählten Geschichten sind großenteils in die amerikanische Folklore eingegangen und haben von dort her als Vorbild für Kurzgeschichten gewirkt. Mark Twains Geschichte vom *Berühmten Springfrosch der Provinz Calaveras* ist ein typisches Beispiel dafür. Daß die Tradition auch noch in unserem Jahrhundert lebendig blieb, belegt Stephen Vincent Benéts Geschichte *Der Teufel und Daniel Webster*.

Yarn

Mark Twains Geschichte vom Springfrosch steht auch noch in einer zweiten, nicht minder populären Tradition der amerikanischen Erzählfolklore. Es ist die Tradition des *yarn* (= Garn), des phantasievollen Drauflos-Erzählens, bei dem die überraschendsten und komischsten Begebenheiten aneinandergereiht werden und der Witz oft darin besteht, daß die Geschichte kein Ende nehmen will. Eine späte Ausprägung dieser traditionellen Form sind die als *shaggy dog stories* bekanntgewordenen Endloswitze, die in den fünfziger Jahren populär waren. Ein literarisch bedeutendes und oft anthologisiertes Beispiel dieses Typs ist Ring Lardners *Haarschnitt*. Dort schneidet ein Friseur einem Kunden die Haare und erzählt dabei in deftigem Idiom von einem merkwürdigen Todesfall im Ort. Doch zum eigentlichen Fall gelangt er erst kurz bevor er den Kunden im letzten Satz fragt: »Naß oder trocken kämmen?« Vorher hat er eine Reihe von Einwohnern des Ortes Revue passieren lassen, hat von ihren Beziehungen zueinander, ihren Schrullen und Macken erzählt. Dabei dämmert dem Leser erst ganz allmählich, daß sich dahinter die Geschichte eines wohlkalkulierten und raffiniert durchgeführten Mordes verbirgt, der noch dazu keineswegs von bloß kriminalistischem Interesse ist, sondern tiefen Einblick in die Psychologie der beteiligten Personen gewährt. Die Geschichte mutet oberflächlich wie ein Kabinettstück aus der Werkstatt eines kunsthandwerklichen Kurzgeschichtenautors an. Erst nach einer genaueren Analyse wird der Leser merken, daß es sich um eine Geschichte von literarischem Rang handelt, die das Wahrheitszentrum nicht auf Poesche Weise durch *ratiocination* aufdeckt, sondern es vom Grunde her durch die verworrene Alltagsoberfläche durchscheinen läßt und damit diesem Alltag die Ambivalenz und Tiefe menschlicher Schuldverstrickung gibt.

Realistische Kurzgeschichte (*local-colour story*)

Eine weitere spezifisch amerikanische Ausprägung der Kurzgeschichte ist die sogenannte *local-colour story*, die in der zweiten Hälfte des 19. Jahrhunderts aufkam. In ihr geht es darum, dem Leser das charakteristische lokale Milieu einer bestimmten amerikanischen Region durch entsprechende Wahl des Gegenstands und des dialektalen Idioms möglichst realistisch zu vermitteln. Im Deutschen entspricht diesem Typ ein wenig die *Dorfgeschichte*. Die amerikanischen Beispiele stammen vor allem aus dem Süden und Westen der USA. Einer der bekanntesten Vertreter ist Bret Harte, dessen Geschichte *Das Glück von Roaring Camp* die Atmosphäre eines rauhen Goldgräberlagers im Westen einzufangen versucht.

In dieser Erzählform hat die amerikanische Literatur eine ihrer ergiebigsten Kraftquellen entdeckt, nämlich das kernige volkstümliche Idiom der Pioniere, das, anders als die deutschen Dialekte, weitgehend frei ist von heimattümelnder Sentimentalität, wenngleich gerade Bret Harte sich durch seine Bewunderung für Dickens in seinen Geschichten zu einer gewissen Sentimentalität hat verführen lassen.

Surprise-ending story

Auch dies ist eine in der amerikanischen Literatur weit verbreitete, aber auch in Europa, z. B. bei Maupassant, anzutref-
fende Form der Kurzgeschichte. Einer der Spezialisten dafür
war O. Henry, der die Überraschungspointe häufig dadurch
erzielte, daß er ihr eine erste Pointe vorausgehen ließ, so daß
die nachfolgende zweite für den Leser gänzlich überraschend
kommt. In seiner wohl bekanntesten Geschichte *Das Geschenk der Weisen (The Gift of the Magi)* legt er den Plot von
Anfang an auf zwei symmetrische Pointen an. Ein mittel-
loses junges Ehepaar will sich gegenseitig zu Weihnachten
beschenken. Sie verkauft heimlich ihr schönes langes Haar,
um dafür eine Uhrkette für ihren Mann zu kaufen. Er verkauft seine Uhr, für die er mangels einer Kette keine Verwendung hat, um für seine Frau ein paar schöne Steckkämme zu
kaufen. Am Weihnachtstag stehen sie betreten voreinander:
er hat keine Uhr mehr für die Kette, die sie ihm schenkt, und
sie hat kein Haar mehr für seine Kämme. In anderen
Geschichten, auch solchen von O. Henry, erfolgt die Pointe
buchstäblich im letzten Satz. In *Das vernagelte Fenster (The
Boarded Window)* von Ambrose Bierce wird von einem
Mann erzählt, der an der Leiche seiner Frau Totenwache hält.
Nachts wird er durch Lärm wie von einem Kampf und durch
ein schleifendes Geräusch geweckt. Er greift zum Gewehr
und feuert einen ungezielten Schuß ab. Im Licht des Mün-
dungsfeuers sieht er einen gewaltigen Panther, der die Leiche
wegzuschleifen versucht. Darauf fällt er in Ohnmacht. Als er
am Morgen erwacht, sieht er die Leiche zerfetzt am Boden
liegen, in einer Lache frischen Bluts. Im letzten Satz erfährt
der Leser dann, daß ein halbes Ohr des Panthers sich zwischen den Zähnen der Frau befindet. Sie war also nur schein-
tot gewesen, hatte mit dem Raubtier um ihr Leben gekämpft
und ihm das halbe Ohr abgebissen.
Dieser Typ der Ereignisgeschichte ist zwar der effektvollste,
aber auch der künstlerisch fragwürdigste, da er sich leicht
zum Zwecke der Spannungserzeugung konfektionieren läßt.

Bierce gelingt es zwar in seinen besten Geschichten, mit einem unrealistischen, aller Glaubwürdigkeit Hohn sprechenden Abschluß des realistischen Geschehens den Blick in eine schwindelerregende Bodenlosigkeit zu öffnen, doch liegt die Gefahr des Abgleitens ins Triviale sehr nahe, was bereits die Geschichte mit dem Panther beweist. Das Künstlerische bei Bierce liegt nicht im Surprise-ending, sondern in der Surrealisierung der Alltagswirklichkeit. Damit steht er in der von Hoffmann und Poe herkommenden Tradition, die zu Kafka und Borges weiterführt.

Neben den bisher genannten gibt es noch andere standardisierte Formen, die vor allem in Unterhaltungsmagazinen häufig anzutreffen sind. Den wahrscheinlich häufigsten Typus könnte man unter dem Sammelbegriff »erweiterter Witz« zusammenfassen. Und so, wie sich Witze in eine relativ kleine Anzahl stereotyper Grundformen einteilen lassen, so lassen sich auch die erweiterten – und oft nur breitgewalzten – Witze in den Unterhaltungsmagazinen leicht klassifizieren. In der seriösen Literatur spielen sie keine Rolle. Man merkt dabei immer, daß die Geschichte einzig dazu dient, die Pointe wirkungsvoll knallen zu lassen. Bei anspruchsvollen Autoren ist es genau umgekehrt. Sie konstruieren eine wirkungsvolle Pointe, um damit der dichterischen Wahrheit ihrer Geschichte besonderen Nachdruck zu verleihen. Die Skepsis gegenüber solchen Effekten sollte also nicht so weit gehen, daß man eine Geschichte schon deshalb für trivial hält, weil sie eine gute Pointe hat.

Hauptformen der Situationsgeschichte

Die moderne Kurzgeschichte ist überwiegend oder ausschließlich situationszentriert. Sie läßt sich hauptsächlich nach der Art ihrer jeweiligen Fokussierung in einzelne Typen unterscheiden. Das gemeinsame Merkmal aller Situationsgeschichten ist der Verzicht auf einen spannenden Plot und damit auf einen Höhepunkt in der Form einer Pointe. Statt dessen wird Spannung durch Verdichtung auf einen Fokus hin erzielt. Je nach der Art dieser Fokussierung lassen sich die folgenden Hauptformen unterscheiden.

Deflationsfokus

Anton Tschechow, der als der Begründer der modernen Situationsgeschichte gilt, hat eine eigentümliche Form des Aufbauens und Lösens von Spannung entwickelt. Er erzählt Geschichten, die – zumal in den frühesten Beispielen – auf eine meist witzige Pointe hinauslaufen. Aber diese Pointe besteht nicht darin, daß eine vorher kunstvoll aufgebaute Spannung gelöst wird, sondern darin, daß aus einer schon vorhandenen Spannung »die Luft herausgelassen« wird. Tschechows Geschichten enden in aller Regel damit, daß eine psychische Spannung oder Überspanntheit, ein Übermaß des Schmerzes oder der Illusion durch einen solchen Vorgang der *Deflation* in das ebenso vitale wie banale Leben zurückgeholt wird. Wie dies im einzelnen funktioniert, wird in dem späteren Tschechow-Kapitel näher ausgeführt.

Krisenfokus

Eine andere weit verbreitete Form der Fokussierung einer Situationsgeschichte ist deren Verdichtung zu einer Persönlichkeitskrise. Das kann eine schwere Krankheit, eine tiefe Enttäuschung, eine schockierende Erkenntnis oder irgendeine andere Krise sein. Eine solche nimmt allerdings leicht die Form einer Zuspitzung und damit einer Pointierung an. Die Krisengeschichte steht deshalb der Ereignisgeschichte sehr nahe. Populäre Autoren wie William Somerset Maugham machen ihre Situationsgeschichten gern durch die Pointe eines sensationellen Krisenereignisses publikumswirksamer. In Katherine Mansfields *Glück* hingegen geht die Krise aus dem Fokus einer äußerst verdichteten Situation hervor.

Epiphaniefokus

Der Begriff Epiphanie geht auf James Joyce zurück, der damit in seinem frühen Roman *Jugendbildnis* bzw. in dessen Vorform *Stephen Hero* bestimmte spontane Erkenntnisvorgänge bezeichnete, die Gegenstand der Dichtung sein sollten. In *Dubliner* hat er beispielhaft in fünfzehn Geschichten solche Epiphanien gestaltet. Es sind Momente im Leben einzelner Personen, in denen diese in plötzlicher Hellsichtigkeit auf den Grund ihres Lebens schauen, ihre Schwäche, Gewöhnlichkeit oder ein schuldhaftes Versagen erkennen oder auch nur in besonders intensiver Form ihre eigene Lebenssituation erfahren. Der Epiphanie-Begriff ist ohne seine ästhetische Bedeutung, die Joyce ihm zugeschrieben hat, danach von der Kritik übernommen worden und hat sich inzwischen zur Bezeichnung einer bestimmten Form der Fokussierung von Situationsgeschichten eingebürgert. Das Charakteristische daran ist die Verdichtung und das plötzliche Durchsichtigwerden einer bestimmten, intensiv gestalteten Situation. Das, was dabei in Erscheinung tritt, kann ein unaussprechlicher Bewußtseinszustand, eine Ahnung oder eine rational nicht nachvollziehbare Form der Selbsterfahrung sein. Man kann den Begriff auch ausdehnen auf analoge spontane Erkenntnisvorgänge, die dem Leser vermittelt werden sollen, ohne daß sie von einer Person in der Geschichte erlebt werden. Entscheidend ist die Verdichtung der Geschichte und der plötzliche Durchblick, der zu einem spürbaren Erkenntnisgewinn führt. Während die Krisengeschichte einen moralischen Schock bewirkt, geht es in der Epiphanie-Geschichte um einen Erkenntnisschock.

Initiationsfokus

Eine der charakteristischsten Formen der modernen amerikanischen Kurzgeschichte ist die Initiationsgeschichte. Initiation ist der krisenhafte Übergang von der Kindheit ins Erwachsenenleben, der einfach durchlebt oder bewußt initiiert werden kann. Amerika, das sich Europa gegenüber immer in der Rolle des Kindes gesehen hat, das sich vom Übervater lösen mußte, hat schon deshalb dem Initiationsmotiv ein geradezu obsessives Interesse entgegengebracht. Von Mark Twains *Huckleberry Finn* bis Salingers *Fänger im Roggen* durchzieht die amerikanische Literatur eine lange Reihe von Initiationsromanen und -geschichten. Hemingways Nick-Adams-Geschichten sind typische Beispiele für Kurzgeschichten, in denen einzelne Phasen der Initiation des Helden in das Erwachsenenleben dargestellt werden. Unter den amerikanischen Situationsgeschichten von dichterischem Rang dürfte Initiation in irgendeiner Form das häufigste Thema sein.

Neben diesen vier Hauptmustern gibt es noch viele andere, die weniger deutlich ausgeprägt sind. Bei manchen modernen Autoren hat man den Eindruck, daß sie schon eine Joycesche Epiphanie als eine Unwahrhaftigkeit empfinden, weil sie in der Wirklichkeit keine Wahrheit erkennen können. Aber auf ein Zentrum kann keine Geschichte verzichten. So wird dann eben das Loch in der Geschichte, das die Abwesenheit der »wahren Wirklichkeit« zeigt, zum Fokus; oder die triviale Wirklichkeit wird, wie häufig bei Gabriele Wohmann, so durch ein Vergrößerungsglas betrachtet, daß jedes ebenmäßige Gesicht als eine Kraterlandschaft von Pikkeln und Poren erscheint. Dann zeigt sich zwar die undurchdringliche Oberfläche der Wirklichkeit in noch gesteigerter Verfremdung; doch auch der Brennpunkt einer solchen Lupe ist ein Fokus.

Der verräterische erste Satz

Bei einer Geschichte, die kürzer ist als ein Roman, läßt sich fast immer schon am ersten Satz ablesen, ob es sich um eine Novelle, eine Erzählung oder eine Kurzgeschichte handelt. Und wenn das, was der erste Satz vermuten läßt, im einen oder anderen Fall dann doch nicht eintrifft, läßt sich meistens feststellen, daß der Autor eine für ihn noch ungewohnte Form anstrebte, während er gleichzeitig in einer gewohnten befangen blieb. Der Einfachheit halber wollen wir die Standarderöffnungen an Hand einiger Beispiele vorstellen und diesen danach Anfangssätze von Erzählstücken gegenüberstellen, in denen sich das Schwanken zwischen den Formen beobachten läßt. Wenn der erste Satz so kurz ist, daß er erst zusammen mit dem zweiten oder dritten seine formbestimmende Wirkung erkennen läßt, werden wir auch diese weiteren Sätze heranziehen, ohne daß dadurch unsere grundsätzlichen Aussagen über den ersten Satz eingeschränkt werden müssen.

Klassische Eröffnungen der Novelle

Zu Port au Prince, auf dem französischen Anteil der Insel St. Domingo, lebte, zu Anfange dieses Jahrhunderts, als die Schwarzen die Weißen ermordeten, auf der Pflanzung des Herrn Guillaume von Villeneuve, ein fürchterlicher alter Neger, namens Congo Hoango.

(Heinrich von Kleist: *Die Verlobung in St. Domingo*)

Antonio Piachi, ein wohlhabender Güterhändler in Rom, war genötigt, in seinen Handelsgeschäften zuweilen große Reisen zu machen.

(Heinrich von Kleist: *Der Findling*)

An einem unfreundlichen Novembertage wanderte ein armes Schneiderlein auf der Landstraße nach Goldach, einer kleinen reichen Stadt, die nur wenige Stunden von Seldwyla entfernt ist.

(Gottfried Keller: *Kleider machen Leute*)

In einem Saale des mailändischen Kastelles saß der junge Herzog Sforza über den Staatsrechnungen.

(Conrad Ferdinand Meyer: *Die Versuchung des Pescara*)

> Im vierzehnten Jahrhundert in Nordschleswig war es, als dort im tiefen Buchenwalde der Ritter Claus Lembeck auf seiner Höhenfeste Dorning saß.
>
> (Theodor Storm: *Ein Fest auf Haderslevhuus*)

Dies sind typische erste Sätze von Novellen. Man könnte ohne große Mühe Hunderte von ähnlichen Beispielen zusammentragen. Was ist ihr gemeinsames Merkmal? Sie alle schneiden aus dem Kontinuum des Unbekannten einen einzelnen Gegenstand heraus, der danach näher bestimmt wird. Deshalb wird dieser Gegenstand entweder mit dem unbestimmten Artikel oder mit dem unpersönlichen »es« eingeführt. Beides sind typische Erkennungssignale für eine Novelle. In einer solchen steht der Erzähler grundsätzlich über dem Erzählten, selbst wenn er als Augenzeuge oder gar als Held in seiner Geschichte auftritt. Da es in einer Novelle immer darum geht, ein bedeutungsvolles Geschehen so zu erzählen, daß es auf ein »Wahrheitszentrum« außerhalb des Erzählten verweist, muß der Erzählstoff erst einmal aus einem unbestimmten Kontext herausgelöst und näher bestimmt werden. Ebendeshalb fangen Novellen mit Sätzen an wie: »Es war an einem Herbsttag...«, »An einem Herbsttag im Jahre...«, »In einem Städtchen...« oder »Ein junger Mann mit Namen ...« Sobald Ort, Zeit und Personen benannt sind, weicht der unbestimmte dem bestimmten Artikel und das unpersönliche »es« einem persönlichen Subjekt. Dann folgt die Exposition der Handlung und deren dramatische Entfaltung.

Klassische Eröffnungen der Erzählung

> Reich an schönen Tälern ist die Schweiz, wer zählte sie wohl auf? In keinem Lehrbuch stehn sie alle verzeichnet.
>
> (Jeremias Gotthelf: *Elsi, die seltsame Magd*)

Vor meinem väterlichen Geburtshause dicht neben der Eingangstür in dasselbe liegt ein großer achteckiger Stein von der Gestalt eines sehr in die Länge gezogenen Würfels. (Adalbert Stifter: *Granit*)

Doktor Nathanael Rosenzweig hatte eine entbehrungsreiche Jugend durchlebt.
(Marie von Ebner-Eschenbach: *Der Kreisphysikus*)

Diese drei Eröffnungen entsprechen den drei Grundformen des Romans, die Franz K. Stanzel im Roman unterschieden hat. Die erste läßt eine *auktoriale* Erzählweise erwarten, d. h. eine solche, bei der der Autor über oder außerhalb der Erzählung steht und kommentierend in sie eingreift. Die zweite leitet eine *Ich-Erzählung* ein, bei der der Erzähler entweder Held oder Augenzeuge sein wird. Die dritte läßt eine *personale* Erzählweise erwarten, was bedeutet, daß die Geschichte überwiegend oder ausschließlich aus der Sicht einer Person, nämlich des Doktor Rosenzweig, erzählt wird. Alle drei Geschichten werden nach Art eines Romans erzählt, von dem sie sich nur durch den geringeren Umfang unterscheiden sowie durch das Fehlen einer epischen Welt, in die die Personen samt dem Geschehen eingebettet sind. Da solche Kurzromane weder Novellen noch Kurzgeschichten sind, haben wir ihren Formtyp von jenen beiden als Erzählung abgegrenzt (siehe S. 28 f.).

Klassische Eröffnungen der Kurzgeschichte

Aufregung herrschte in Roaring Camp.
(Bret Harte: *Das Glück von Roaring Camp*)

Sie war eines jener hübschen, liebreizenden Mädchen, von denen man meinen sollte, das Schicksal habe sie gleichsam aus Versehen in einer Beamtenfamilie zur Welt kommen lassen. (Guy de Maupassant: *Der Schmuck*)

Der Gymnasiast Jegor Siberow reicht Petja Udodow
wohlwollend die Hand.

(Anton Tschechow: Der Nachhilfelehrer)

Ein alter Mann mit einer stahlgeränderten Brille und
sehr staubigen Kleidern saß am Straßenrand.

(Ernest Hemingway: Alter Mann an der Brücke)

Der Junge merkte nicht, daß er jetzt an der Reihe war.

(Heinrich Böll: Im Tal der donnernden Hufe)

Nach solchen ersten Sätzen weiß der geübte Leser, daß er
keine Novelle zu erwarten hat; denn alle Sätze treten unvermittelt in die erzählte Wirklichkeit ein und vermeiden ganz
bewußt, aus der unendlichen, unbestimmten Wirklichkeit
eine bestimmte Begebenheit zu isolieren. Das Beispiel von
Hemingway beginnt zwar mit dem unbestimmten Artikel;
aber der Rest des Satzes läßt erkennen, daß der alte Mann
auch später nicht als Person bestimmt werden wird, sondern
einen zufälligen, aber dennoch singulären und nicht allgemeingültigen Menschen darstellen soll. Nach diesem Satz
wird der Leser kaum erwarten, daß er den Namen oder sonstige Details über den alten Mann erfährt. Und in der Tat
beschränkt sich die Geschichte ganz darauf, ihn als einen
beliebigen, doch für den Beobachter bemerkenswerten Mann
erscheinen zu lassen. Die Beispiele von Tschechow und Böll
wird jeder Leser als typische Anfänge von Kurzgeschichten
erkennen. Am häufigsten sind diejenigen, bei denen im
ersten Satz entweder ein *Vorname*, eine namenlose Figur mit
bestimmtem Artikel (z. B. der Mann, die Frau) oder ein per-
sönliches Fürwort steht. Ganz selten wird man Sätze finden,
die mit »Es war . . .« beginnen oder die eine Person mit dem
unbestimmten Artikel einführen. Auch Nachnamen sind
verhältnismäßig selten. Maupassants erster Satz enthält allerdings einen unbestimmten Artikel. Hätte er ihn mit dem *vollen* Namen der Figur begonnen, also so:

Mathilde N. war eines der . . .,

dann hätte man auch eine Novelle erwarten können (vgl. den Anfang von Kleists *Findling*); denn der Name ist immer etwas Äußeres, gewissermaßen das Türschild der Person. Wenn ein Erzähler aber mit »Er« oder »Sie« oder dem Vornamen beginnt, dann hat er die Türschwelle schon überschritten und befindet sich bereits im Innern der Person.

Ein typischer Kurzgeschichtenanfang ist auch das erstgenannte Beispiel, das die Illusion vermittelt, als würde der Leser unvermittelt in ein ablaufendes Geschehen hineingestoßen. Auf einen solchen Satz könnte allerdings auch eine romanhafte Erzählung folgen, was bei den Sätzen von Maupassant, Tschechow, Hemingway und Böll kaum zu erwarten ist.

Das Typische an ersten Sätzen einer Kurzgeschichte ist, daß sie ohne Vorbereitung in die fiktionale Welt eintreten und daß dabei kein auktorialer Erzähler, sondern allenfalls ein Ich als Augenzeuge auftritt. Die Abwesenheit des Autors ist um so glaubwürdiger, je enger der Blickwinkel des ersten Satzes ist. Moderne Kurzgeschichten richten ihre Erzählperspektive in aller Regel von Anfang an auf eine Person oder erzählen die Geschichte aus deren Blickwinkel. Ältere Kurzgeschichten beginnen oft noch mit einem weiteren Blickwinkel, der sich erst allmählich auf das erzählte Geschehen verengt. Das ist ein aus dem Roman bekanntes Verfahren, das wir in unserem Romanbuch als *Zooming-in* bezeichnet haben. Hier ein Beispiel:

> Jeder, der den Hudson hinaufgereist ist, wird sich wohl an das Kaatskill-Gebirge erinnern. Es stellt ein abgetrenntes Glied der großen Appalachen-Familie dar, das, westlich des Flusses in der Ferne sichtbar, zu erhabener Höhe aufragt und die Umgebung beherrscht.

So beginnt Washington Irvings bekannte Geschichte *Rip van Winkle*, die oft als eine der ersten amerikanischen Kurzgeschichten angesehen wird. Der Anfang aber läßt noch nichts von der Technik der Kurzgeschichte ahnen. Vielmehr haben wir es hier mit eben jenem Zooming-in zu tun, das im

9. Jahrhundert die beliebteste Form der Romaneröffnung war. Auch im Fortgang der Geschichte ist wenig Kurzgeschichtenhaftes zu erkennen. Es ist eine klassische Erzählung, die die auktoriale Erzählform des Romans auf die Kurzform anwendet, so wie z. B. Dickens es in seinen Weihnachtserzählungen getan hat. Von einer Kurzgeschichte kann hier also noch nicht die Rede sein.

Auch unser nächstes Beispiel zeigt, daß die eigentümliche Form der Kurzgeschichte noch nicht erreicht wird.

> An einem Spätnachmittag, als die Sonne am Untergehen war, saßen eine Mutter und ihr kleiner Junge vor der Tür ihres Häuschens und sprachen über das Große Steingesicht.
>
> (Nathaniel Hawthorne: *Das Große Steingesicht*)

Hawthorne, der wie Irving oft zu den Ahnherren der Kurzgeschichte gezählt wird, beginnt nicht mit dem Zooming-in, sondern mit einer szenischen Eröffnung. Auch dies war, vor allem im späteren 19. Jahrhundert, eine beliebte Form des Romananfangs. Der zweimal verwendete unbestimmte Artikel löst das Erzählte erst einmal aus dem unendlichen Kontinuum der Wirklichkeit heraus. Damit bleibt die Geschichte von Anfang an auf dieses Kontinuum bezogen. Das Bildhaft-Deskriptive der Eröffnung läßt aber keine novellistische Darstellung erwarten. Die Novelle pflegt schneller und weniger beschaulich in das Geschehen einzuführen. So wird man bei Hawthorne also eine Erzählung erwarten. Und in der Tat sind Hawthornes Geschichten in der Mehrzahl weder Novellen noch Kurzgeschichten, sondern Erzählungen, die übrigens wie *Rip van Winkle* ebenfalls oft dem Typus von Dickens' Weihnachtserzählungen nahestehen. Ein echter Kurzgeschichtenanfang findet sich erst bei Edgar Allan Poe, der deshalb mit Recht, wenn nicht als der Erfinder, so doch als der Modellstifter dieser Form angesehen wird. Poe erreicht die Abkehr von der romanhaften Erzählweise durch einen Kunstgriff, der so einfach ist, daß er wie ein Trick anmutet. Er erzählt fast alle seine bekannten Kurzgeschichten in der Ich-Form. Damit erreicht er, daß der Leser mit dem ersten Satz unvermittelt in die fiktionale Wirklichkeit eintritt, ohne das Gefühl zu haben, daß ein auktorialer Erzähler diese Wirklichkeit erst aus einem größeren Kontinuum herauslösen und dem Leser glaubwürdig machen muß. In der Ich-Form ist selbst die übernatürlichste Gruselgeschichte fiktional legitimiert. Erst nach Poe haben Autoren wie Bret Harte und O. Henry die unvermittelte personale Eröffnung in der Er-Form als die klassische Form des Anfangs einer Kurzgeschichte etabliert. Seitdem ist diese Eröffnung so charakteristisch für die Kurzgeschichte geworden, daß wir als Leser sofort den Eindruck des Altmodischen haben, wenn eine Geschichte mit auktorialem Erzählervorspann oder in der Form des Zooming-in beginnt. Deutsche Erzähler, die die Form der Kurzgeschichte erst nach dem Zweiten Weltkrieg als vollgültige Erzählform übernahmen hatten allerdings anfangs noch Mühe, ihre gattungsspezifischen Merkmale von denen der Novelle oder der Erzählung abzugrenzen. Deshalb begegnet man hier immer wieder Geschichten, deren Eröffnung eher eine Novelle oder Erzählung erwarten läßt. Bölls bekannte Kurzgeschichte *Die Waage der Baleks* beginnt mit dem Satz:

> In der Heimat meines Großvaters lebten die meisten Menschen von der Arbeit in den Flachsbrechen.

Ein solcher Anfang läßt eher eine Erzählung des Stifterschen Typs erwarten. Und in der Tat hat Bölls Geschichte viel mehr den Charakter einer moralisierenden Kalendergeschichte des 19. Jahrhunderts als den einer Kurzgeschichte. Schon gar nicht würde man sie als *moderne* Kurzgeschichte ansehen. Hier wirkt ganz offensichtlich die deutsche Tradition des 19. Jahrhunderts stärker als das Vorbild der Amerikaner.

Bei vielen deutschen Kurzgeschichten läßt sich schon am ersten Satz ablesen, daß sie eigentlich gar keine sind. Hier ein Beispiel:

> Wenn einer dein Bett aus dem Saal schiebt, wenn du
> siehst, daß der Himmel grün wird, und wenn du dem
> Vikar die Leichenrede ersparen willst, so ist es Zeit für
> dich, aufzustehen, leise, wie Kinder aufstehen, wenn am
> Morgen Licht durch die Läden schimmert, heimlich,
> daß es die Schwester nicht sieht – und schnell!
>
> (Ilse Aichinger: *Spiegelgeschichte*)

Wenn eine Geschichte so beginnt, wird der geübte Leser
keine Kurzgeschichte erwarten. Schon der Sprechduktus ist
eher lyrisch beschwörend als episch erzählend. Der Satz
führt nicht unmittelbar in eine fiktionale Welt hinein, sondern ist Äußerung eines lyrischen Ichs, daß eine hypotheti-
sche Überlegung anstellt. Es dürfte nicht leicht sein, eine
überzeugende Kurzgeschichte mit »Wenn« zu beginnen;
denn ein solcher hypothetischer Anfang setzt ein reflektie-
rendes Subjekt voraus. Dies ließe sich dadurch neutralisieren,
daß es weitergeht: »Wenn man . . .« In diesem Fall wird man
eine auktoriale Erzählung erwarten. Heißt es aber »Wenn es
. .«, »Wenn du . . .« oder »Wenn einmal . . .«, steht immer
das reflektierende Subjekt im Vordergrund. In der Tat ist Ilse
Aichingers Geschichte so hypothetisch angelegt wie Kafkas
Erzählungen, und wie diese ist es keine Kurzgeschichte. Sie
gehört zu den vielen parabolischen Geschichten, die in der
deutschen Nachkriegsliteratur geschrieben wurden und
meist als Kurzgeschichten bezeichnet werden. Im Prakti-
chen Teil werden wir mit Wolfgang Hildesheimers *Atelierfest* ein Beispiel dafür vorstellen und interpretieren.

Bei dieser Gelegenheit sei angemerkt, daß es in der deutschen
Literaturwissenschaft das beharrliche Bestreben gibt, den
Begriff »Kurzgeschichte« von der angelsächsischen Short
tory abzusetzen und als eine deutsche Form zu definieren.
Selbstverständlich steht es jedem frei, dies zu tun, so wie es
jedem Autor freisteht, parabolische oder andere Geschichten
zu schreiben, die von dem in der Weltliteratur etablierten
Muster abweichen. Damit eine neue Form aber als eine

eigenständige erkannt werden kann, muß sie erst einmal einen Umriß entwickeln, der in der Vielfalt der einzelnen Ausprägungen stets wiedererkannt werden kann. Vor allem aber muß die Form sich durch künstlerische Leistung legitimieren. Diesen Beweis hat die angelsächsische Short story überzeugend geliefert, während die deutsche Kurzgeschichte ihn noch schuldig ist. Vielleicht sind aber die Möglichkeiten der Short story bereits so erschöpft, daß es verdienstvoller ist, nach einer neuen Form zu suchen. Wie dem auch sei, solange die deutsche Kurzgeschichte kein klar erkennbares eigenes Profil erkennen läßt, hat es wenig Sinn, den deutschen Begriff gegen die Short story abzusetzen.

Praktischer Teil

Leitfaden zur Interpretation einer Novelle

Ist man im Zweifel, ob das zu interpretierende Werk eine Novelle ist, sollte man die folgenden Tests durchführen:

Erstes Sieb: *Kürzer als ein Roman?*

Obwohl es weder eine definierte Untergrenze für den Roman noch eine Obergrenze für die Novelle gibt, ist ein Werk von mehr als 200 Druckseiten selten eine Novelle.

Zweites Sieb: *Wird für die dargestellte Wirklichkeit fiktionale Realität beansprucht?*

Ist die Antwort Ja, ist es weder ein *Märchen* noch eine *Allegorie*, noch eine reine *Parabel*. Alle Geschichten, die etwas Erfundenes oder historisch Tatsächliches als fiktionale Realität darstellen, kommen als Novellen in Frage.

Drittes Sieb: *Hat das Werk einen dramatischen Aufbau mit einem starken Höhepunkt?*

Ist die Antwort Ja, gehört es zum *novellistischen* Erzähltyp, kann aber trotzdem eine *Erzählung* oder eine *Kurzgeschichte* sein.

Viertes Sieb: *Liegt das Wahrheitszentrum außerhalb des Erzählten?*

Ist auch hier die Antwort Ja, ist es wahrscheinlich eine Novelle.

Fünftes Sieb: *Verweist ein »Falke« auf das Wahrheitszentrum?*

Ist die Antwort wiederum Ja, haben wir es mit einer Novelle zu tun.

Fahrplan für die Interpretation

1. *Der verräterische erste Satz*

Weist dieser Satz die von uns aufgezeigten typischen Merkmale, nämlich den unbestimmten Artikel oder das unpersönliche »es« auf, so ist dies zunächst eine weitere Bestätigung dafür, daß es sich um eine Novelle handelt. Darüber hinaus aber gibt er das Erzähltempo vor. Je mehr Information über Ort, Zeit, Personen und die Initialsituation der Handlung in ersten Satz enthalten ist, um so höher wird das Erzähltempo sein, und um so wahrscheinlicher haben wir es mit dem dramatischen Aufbau einer Novelle zu tun. Der erste Satz legt außerdem die Erzähleinstellung fest, zu der – wie wir in unserem Romanbuch ausführten – Perspektive, Blickwinkel und Stilhaltung gehören. Da aber in der Novelle der Erzähler weitgehend neutral bleibt, durchweg die Außenperspektive beibehält und die Stilhaltung selbst bei vorherrschender Ironie wenig Erzählereinmischung erkennen läßt, sind diese Aspekte für die Interpretation wenig ergiebig. Sollten sie dennoch eine Rolle spielen, wird man sich fragen müssen, ob man es nicht doch mit einer Erzählung statt einer Novelle zu tun hat.

2. *Wie ist die Novelle zentriert?*

Die Suche nach dem Zentrum wird oft schon durch den Titel der Novelle erleichtert, der dieses Zentrum angibt. Das Zentrum kann ein Ding (in *Die Judenbuche*), ein Ort (Schloß Rossitten in *Das Majorat*), eine Person (in *Michael Kohlhaas*), ein Fall (in *Das Fräulein von Scuderi*) oder ein Ereignis (in *Der Zweikampf*) sein; in modernen Novellen auch eine Situation (in *Der Tod in Venedig*). Mehrfachzentrierungen sind möglich, z. B. Personen- und Fallzentrierung in *Die Marquise von O . . .*

Wo ist der »Falke«?

Der »Falke« ist kein notwendiger Bestandteil einer Novelle. Aber selbst wenn es ihn nicht in der Form eines konkreten Dings gibt, wird fast immer ein Motiv oder eine zugespitzte Situation eine Art »Falkenfunktion« haben. Er markiert gewissermaßen die Spitze(n) der Profilkurve der Novelle. Wo ein »Falke« eingesetzt wird, steht er meist auch im Zentrum der Novelle und ist im Falle der Dingzentrierung mit dem Ding identisch (z. B. Storms *Schimmelreiter*).

Wie ist die Handlung aufgebaut?

Diese Frage müßte eigentlich die erste sein, doch läßt sie sich leichter beantworten, wenn man vorher das Zentrum und den »Falken« entdeckt hat. Da Novellenhandlungen dramatisch angelegt sind, sollte man zuerst die Exposition freilegen und danach die steigende Handlung, den Wendepunkt und die fallende Handlung mit dem Dénouement oder der Katastrophe bestimmen. In modernen Novellen wie Thomas Manns *Tod in Venedig* ist der dramatische Aufbau nur latent als inneres Drama vorhanden. Sie verhalten sich zur klassischen Novelle wie die handlungsarmen Dramen Tschechows zum klassischen Drama. Dramatisch sind sie dennoch, sonst wären sie keine Novellen.

Was ist das Thema?

Hat man die äußere Handlungsstruktur freigelegt, sollte man sich an die thematische Substanz der Novelle machen. Diese kann z. B. ein moralisches Problem von universaler Bedeutung (*Kohlhaas*), das Scheitern eines seiner Zeit vorauseilenden Menschen (*Der Schimmelreiter*), ein schuldloses Scheitern an der eigenen Charakterstruktur (*Der arme Spielmann*) oder irgendein anderes allgemeinmenschliches Problem sein.

6. *Wie ist das Thema mit dem »Falken« verknüpft?*

Der »Falke« kann das Thema symbolisieren, signalisieren oder als Handlungsauslöser initiieren.

7. *Konfiguration der Charaktere*

Da die Charaktere in einer Novelle meist die entscheidenden Träger der thematischen Aussage sind, empfiehlt es sich, ihr Beziehung zueinander erst nach der Bestimmung des Themas herauszuarbeiten. Man erkennt dann besser ihre thematische Funktion. Einige Standardkonfigurationen sind die Opposition Protagonist–Antagonist (*Der Findling*), die triadische Anordnung zweier Gegenpositionen (*Die Verlobun, in St. Domingo*) mit einem Vertreter der positiven Norm in der Mitte und die Kontrastierung von psychologischen Charaktertypen (z. B. der Tatmensch gegenüber dem Gedankenmenschen). Mit letzterer kann auch eine soziale Kontrastierung einhergehen (z. B. der Künstler gegenüber dem Bürger in Thomas Manns *Tonio Kröger*).

8. *Welche besonderen Kunstmittel werden eingesetzt?*

Hierzu gehört das ganze Repertoire der Erzählkunst, also sprachliche Mittel (z. B. lakonische, metaphorische oder ironische Sprechweise), Komik, Einschübe (Briefe, Dokumente) und vieles mehr. Viele dieser Kunstmittel sind auffällig und deshalb leicht zu erkennen. Zu den subtileren Mitteln zählen: absichtsvolle Namensgebung bei Personen, Anspielungen, symbolische Aufladung bestimmter Gegenständ und Bilder. Wie bei jedem sprachlichen Kunstwerk sollt man es sich zum Prinzip machen, jeden Namen auf mögliche Bedeutungen hin abzusuchen, jeder vermuteten Anspielun, nachzugehen und nach literarischen Bezugnahmen Ausschau zu halten.

. Historische Einordnung des Werkes

Dieser Schritt wird in der Schule meist ausgelassen, und selbst in literaturwissenschaftlichen Interpretationen kommt er oft zu kurz. Man hat aber ein Werk erst dann wirklich verstanden, wenn man von ihm zurücktreten und es in seinem historischen Kontext sehen kann. Dazu gehört freilich mehr literaturgeschichtliches Wissen, als einem Schüler zu Gebote steht. Dennoch sollte man immer versuchen, sich eine Vorstellung davon zu machen, was einem Werk vorausgegangen ist und was ihm folgte. Hilfreich ist es, wenn sich thematisch verwandte Werke aus früherer und späterer Zeit finden lassen. Man wird dann erkennen, daß ein und derselbe Sachverhalt vor dem Hintergrund anderer Wertsysteme ganz andere Bedeutungen haben kann. Überhaupt sind Vergleiche motivgleicher oder thematisch verwandter Werke immer höchst aufschlußreich.

0. Eine Wertung versuchen

Dem Schüler mag es vermessen erscheinen, sich bei einem zum Klassiker erklärten Werk ein Urteil anzumaßen. Er oder sie hat aber nicht nur das Recht, sondern geradezu die Pflicht, sich ein solches Urteil zu bilden; denn erstens ist das geschulte Urteil der Leserschaft der Nährboden, ohne den Literatur nicht gedeihen kann, und zweitens gibt es genügend Klassiker, die diese Bezeichnung nicht verdienen, und zu Unrecht vergessene Werke, die auf eine Revision der verfestigten Urteile warten. Die Frage nach den anzulegenden Wertkriterien ist sicher eine der schwierigsten im Bereich der Literatur. Formale Vollendung, Differenziertheit der Darstellung, Authentizität des Dargestellten und kritische Distanz dürften sicher dazugehören, ebenso Originalität der Sprache und Tiefe der gedanklichen Durchdringung. Entscheidend ist letzten Endes der geschulte Geschmack des Lesers, der nur durch regelmäßigen Umgang mit guter Literatur erworben wird.

Muster einer Novelle
Heinrich von Kleist: Der Findling *(1811)*

Wenn von Heinrich von Kleists erzählender Prosa die Rede ist, denkt man zuerst an *Michael Kohlhaas, Die Marquise von O . . ., Das Erdbeben in Chili* und *Die Verlobung in St Domingo.* Die viel kürzere Novelle *Der Findling* stand immer ein wenig im Schatten dieser vier Werke, obwohl sie als Kunstwerk vielleicht das Vollkommenste ist, was Kleist auf dem Gebiet der Epik geschaffen hat. Über ein so pau schales Gesamturteil mag man streiten. Betrachtet man abe Kleists erzählende Werke – und dazu gehören noch *De Zweikampf* und *Die heilige Cäcilie oder die Gewalt de Musik* – ausschließlich als Novellen, so spricht vieles dafü daß *Der Findling* die novellistische Form am reinsten un vollkommensten erfüllt. Der vom Thema her viel gewichti gere *Kohlhaas* liegt auf der Grenze zwischen Novelle un chronikartiger Erzählung, *Die Marquise von O . . .* nähe sich in ihrer Psychologisierung dem novellistischen Roman und auch das *Erdbeben* und die *Verlobung* enthalten melo dramatische Abenteuerpassagen, die man leicht zur Roman form hätte ausweiten können. *Der Findling* aber ist so au seine novellistische Substanz reduziert, daß man sich kaum vorstellen kann, es ließe sich auch nur ein einziger Satz strei chen oder ein anderer zur Episode ausweiten. Will man sich eine Vorstellung von der unvergleichlichen Dichte diese Novelle machen, so braucht man nur einmal zu versuchen den Inhalt möglichst knapp zusammenzufassen. Man wir dabei feststellen, daß sich die vier »großen« Novellen auf vie engerem Raum nacherzählen lassen, als die 16 Druckseite des *Findling,* bei dem fast jedes Detail für das Verständni unerläßlich ist. Gegenüber dem *Kohlhaas* fehlt der histori sche Erzählstoff, gegenüber der *Marquise* die psychologisch Detaillierung und gegenüber den anderen beiden das aben teuerliche Handlungselement. Was macht dann den Stoff die ser Novelle aus?

Antonio Piachi, ein Kaufmann aus Rom, kommt auf eine

Geschäftsreise mit Paolo, seinem Sohn aus erster Ehe, nach Ragusa, wo gerade die Pest wütet. Er will die Stadt gleich wieder verlassen, trifft aber am Stadtrand auf einen fremden Knaben, der ihn um Hilfe bittet. »Auf die Frage: was er wolle? antwortete der Knabe in seiner Unschuld: er sei angesteckt [...]. Piachi wollte in einer ersten Regung des Entsetzens den Knaben weit von sich schleudern [...].« Doch dann erbarmt er sich. Gleich darauf werden sie festgenommen und in der Stadt interniert, um die weitere Ausbreitung der Seuche zu verhindern. Piachis Sohn Paolo wird angesteckt und stirbt, während Nicolo, der fremde Knabe, überlebt. Piachi nimmt ihn darauf an Sohnes Statt an. Als er erwachsen ist, überschreibt ihm Piachi seinen Besitz und setzt sich zur Ruhe. An Nicolo haben die Stiefeltern bis dahin nur zwei Charakterschwächen feststellen können, Bigotterie und einen frühzeitigen Hang zum anderen Geschlecht. Als Nicolo eines Nachts in der Maske eines genuesischen Ritters vom Karneval kommt, fällt seine junge Stiefmutter Elvire bei seinem Anblick in Ohnmacht. Dadurch wird Nicolos Neugier geweckt. Er schleicht sich in Elvires Zimmer und sieht dort hinter einem Vorhang das Bild eines genuesischen Ritters, vor dem, wie von ihm zuvor durchs Schlüsselloch beobachtet, Elvire »in der Stellung der Verzückung« am Boden gelegen hatte. Es ist das Bild eines Edelmannes, der seinen Verletzungen erlegen war, nachdem er Elvire bei einem Brand das Leben gerettet hatte. Das Besondere ist, daß der Edelmann Nicolo sehr ähnlich sieht. Obwohl Nicolo inzwischen geheiratet hat, unterhält er weiterhin Beziehungen zu Xaviera, der Beischläferin des Bischofs. Er besucht die Kurtisane sogar unmittelbar nach dem frühen Tod seiner eigenen Frau. Piachi zeigt seine Mißbilligung dieses Verhaltens sehr deutlich und stellt Nicolo in der Öffentlichkeit bloß. Dieser vermutet dahinter als Anstifterin seine, wie er glaubt, Prüderie heuchelnde Stiefmutter. »Beschämung, Wollust und Rache vereinigten sich jetzt, um die abscheulichste Tat, die je verübt worden ist, auszubrüten.« Nicolo verkleidet sich noch einmal als genuesischer

Ritter und versteckt sich hinter dem Vorhang in Elvires Zimmer, und zwar zu einer Zeit, als Piachi gerade abwesend ist. Elvire verliert beim Anblick des leibhaftigen Ritters das Bewußtsein. Als Nicolo sich gerade anschickt, die Ohnmächtige zu mißbrauchen, kehrt Piachi zurück und wirft den Schurken aus dem Haus. Doch Nicolo dreht den Spieß um. Als rechtmäßiger Eigentümer der Besitzungen Piachis weist er nun diesen aus dem Haus und sichert sich außerdem die Unterstützung der Kirche, indem er die Mönche des Karmeliterklosters als seine Erben bestimmt. Piachi, blind vor Wut, erwürgt den Bösewicht und weist vor seiner Hinrichtung sogar die Absolution zurück, um den verhaßten Nicolo noch in der Hölle mit seiner Rache verfolgen zu können.

Diese kurze Zusammenfassung ist bereits mindestens doppelt so lang, wie beispielsweise eine ähnliche Zusammenfassung der *Marquise von O...* es wäre. Und doch fehlen noch eine ganze Reihe von Details, die zum Verständnis der Novelle unerläßlich sind. Statt diese hier nachzutragen, wollen wir gleich mit der Analyse beginnen und das Fehlende in deren Verlauf einflechten. Auf den ersten Blick scheint es, als werde hier das unerklärliche Eindringen des Bösen in die Welt der Ehrbarkeit vorgeführt: ein Findelkind wird mit Wohltaten überhäuft und entpuppt sich als infamer Schurke, der seine Wohltäter ins Verderben reißt. Bei näherem Zusehen muß man aber schon bei der ersten Begegnung Piachis mit Nicolo stutzig werden. Der Junge nähert sich hilfesuchend und bekennt »in seiner Unschuld: er sei angesteckt« Piachi aber will ihn »in der ersten Regung des Entsetzens [...] weit von sich schleudern«. Nicht das Eindringen des Bösen in die Welt der Ehrbarkeit haben wir hier vor uns, sondern den Eintritt der kindlichen Unschuld in die Welt der Berechnung. Und in der Tat ist alles, was Piachi tut, von kluger Berechnung. Zumindest ist vernünftige, dem Selbstschutz dienende Berechnung immer sein erster Impuls, auch wenn dieser dann – wie bei der ersten Begegnung mit dem Knaben – einem Gefühl des Mitleids weicht. Das Wesen vor Rationalität besteht in der begrifflichen Verallgemeinerung

Das Authentische und schlechthin Einzigartige eines Individuums ist aber unaussprechlich. Erst wenn man mehrere Individuen auf einen allgemeinen Begriff gebracht und diesem einen Namen gegeben hat, kann man über sie vermittels des Denkens verfügen. Für den begrifflichen Verstand sind die Individuen austauschbar. In unserer Novelle haben wir es nun mit lauter menschlichen Beziehungen zu tun, in denen eine ursprüngliche, spontane und authentische Bindung durch eine bewußt gewählte ersetzt worden ist. Piachi hat eine erste Frau verloren und heiratet als Ersatz Elvire. Diese wiederum ist Mutterersatz für Paolo. Elvire, die den ersten von ihr vergötterten Mann verloren hatte, heiratete an seiner Stelle Piachi. So gab es bereits zu Beginn der Novelle keine einzige spontane und unmittelbare Beziehung zwischen den handelnden Personen. Sie alle hatten einmal eine solche und haben dafür einen durch vernünftige Überlegung begründeten Ersatz gefunden. Als das Findelkind auftritt und sich in seiner Unschuld« vertrauensvoll an Piachi wendet, hätte dieser die Möglichkeit gehabt, mit einer ebenso vertrauensvollen Geste menschlicher Zuwendung spontan zu reagieren. Damit wäre er in der Welt der rationalen Berechnung eine neue ursprüngliche Bindung eingegangen. Statt dessen aber folgt er seinem ängstlichen Mißtrauen und will den Jungen weit von sich schleudern. Erst als dieser »seine Farbe veränderte und ohnmächtig auf den Boden niedersank, [...] legte sich des guten Alten Mitleid«. Schlaf und Ohnmacht haben bei Kleist, wie wir noch sehen werden, eine tiefe Bedeutung. Wer aus dem Schlaf oder der Ohnmacht erwacht, tritt nach Kleist in eine Welt der Täuschung ein. So ist auch Nicolo, als er erwacht, nicht mehr der Unschuldige, der er vorher war. Jetzt beobachtet Piachi an ihm eine »besondere, etwas starre Schönheit« und ein Gesicht, »das, ernst und klug, seine Mienen niemals veränderte«. Der fremde Knabe war als Unschuldiger in eine Welt der Berechnung eingetreten, und nun ist er selbst ein Berechnender. Zwei Eigenschaften sollen für ihn charakteristisch werden: seine Bigotterie, also eine heuchlerische, nichtauthentische Religiosität, und sein sexuelles Interesse, das in der rationalen Welt nichts mehr von kreatürlicher Unschuld hat, sondern als etwas Niederes erscheint.

Ein so abstrakter Deutungsansatz mag auf den ersten Blick als unangemessen erscheinen. Man darf aber nicht vergessen, daß Kleist, der in der Zeit des deutschen spekulativen Idealismus lebte, an der zeitgenössischen Philosophie auf höchst eigenwillige Weise Anteil nahm. In seinem Aufsatz *Über das Marionettentheater* hat er seine eigene Version des Hegelschen dialektischen Dreitakts entwickelt. Er stellt dort in gleichnishafter Form die These auf, daß die Menschen ursprünglich einmal in einem Zustand paradiesischer Unschuld und Ursprünglichkeit lebten, in dem sie ohne Bewußtsein dennoch immer richtig handelten, weil ein untrügliches Gefühl sie leitete. (Heute würden wir dazu Instinkt sagen.) Nach dem Sündenfall aber war der Mensch in sein begrenztes empirisches Bewußtsein eingesperrt, das eben wegen seiner Begrenztheit leicht zu täuschen war. Erst wenn die Menschheit durch den langen Prozeß zunehmender Bewußtwerdung hindurchgegangen ist, wird sie am Ende eine göttliche Allwissenheit erreichen und damit wieder die ursprüngliche untrügliche Sicherheit des paradiesischen Urzustands haben. Dies ist in anschaulicherer Form die Hegelsche Vorstellung, daß der Weltgeist ursprünglich »an sich« war, sich dann in die Welt entließ und nun als Objekt der Selbstreflexion »für sich« ist, bis er zuletzt nach vollendeter Selbstbewußtwerdung zu sich zurückkehrt und »an und für sich« ist. Das Entscheidende an dieser Entwicklung ist der Prozeß der dialektischen Vermittlung. Weltgeschichte ist nach Hegel das In-Erscheinung-Treten des Weltgeistes, die »Phänomenologie des Geistes«. Der Geist kann und darf aber nicht unvermittelt »wie mit der Pistole geschossen« in die Welt treten. Kleist kannte von Hegel vermutlich nichts. Die Dialektik des Hegelschen Denkens war aber schon vor Hegel als Denkfigur weit verbreitet; und Kleist hatte durch vielerlei Beziehungen, unter anderem durch Adam Müller, einen der Vorbereiter Hegels, teil an dieser intellektuellen Bewegung. Sicher wäre es töricht, seine Werke so zu lesen, als wollte er damit philosophische Theorien exemplifizieren. Aber daß in ihnen bestimmte Denkfiguren immer wiederkehren, ist offensichtlich; und seine zentrale Denkfigur ist am besten zu verstehen, wenn man sie im Kontext des sich entwickelnden dialektischen Denkens sieht.

Nun aber zurück zum *Findling*. In der thematischen Struktur der Novelle verkörpert Nicolo zunächst die vorbewußte Unschuld, die, in den Worten Hegels, »wie mit der Pistole geschossen«, also unvermittelt in die rationale Welt eintritt und dabei in ihr Gegenteil, also in das Böse pervertiert wird. (Man könnte hier auch im Hegelschen Sinne von Entfremdung sprechen.) Diese Grundidee der Novelle wird in eine höchst kunstvolle Erzählstruktur übersetzt. Im Zentrum der Erzählung steht das Doppelgängermotiv, genauer gesagt, die symmetrische Umkehrung der Figur des Nicolo in die des genuesischen Ritters, den Elvire mit der Koseform seines Namens Colin als Colino anredet. Die Namensähnlichkeit ist keineswegs zufällig, sondern höchst absichtsvoll. Kurz vor dem Höhepunkt der Handlung wird sehr deutlich darauf hingewiesen. Als Piachi seine Magd beauftragt, eine Schachtel mit den elfenbeinernen Buchstaben zu suchen, mit denen Nicolo in seiner Kindheit das Buchstabieren geübt hatte, finden sich nur noch die, die zu Nicolos Namen gehören. Dieser spielt gedankenlos mit den Buchstaben und entdeckt plötzlich, daß sie sich auch zu dem Namen Colino zusammensetzen lassen. »Nicolo, dem diese logogriphische Eigenschaft seines Namens fremd war, warf, von rasenden Hoffnungen von neuem getroffen, einen ungewissen und scheuen Blick auf die ihm zur Seite sitzende Elvire.« Ein so planvoll eingeführtes Motiv kann nicht nur dem Zweck dienen, die Handlung etwas spannender zu machen.

An dieser zentralen Stelle der Novelle wird augenfällig, was wir oben theoretisch ausgeführt haben, nämlich daß es sich hier um eine fundamentale Antinomie der menschlichen Existenz handelt: der einzelne fordert für sich unbedingte

Anerkennung als authentische Person, während er gleichzeitig die ganze Welt und damit alle Mitmenschen unter die Bedingungen seines Verstandes stellt. Statt Person könnten wir auch Individuum sagen, was ja wörtlich übersetzt »das Unteilbare« bedeutet. Nicolos Wert und Würde als Person ist schon in seiner Kindheit zu einem zerlegbaren und ersetzbaren Namen gemacht worden. Diese Zerlegung wird nun in der Erzählung dramatisch umgesetzt, indem Nicolos potentielles Wesen in zwei diametral entgegengesetzte Figuren zerteilt wird: in den guten Colino und den Schurken Nicolo. Die Geschichte, wie Colino Elvire aus dem brennenden Haus rettete, ist in die Novelle nur als kurzer Rückblick in die Vergangenheit aus auktorialer Sicht eingelagert. Aber es findet sich darin eine Szene, die von genauso zentraler Symbolik ist wie die mit den Buchstaben. Elvire hatte sich aus dem brennenden väterlichen Färberhaus auf einen Balken geflüchtet, der zum Aufhängen der gefärbten Tücher über das Wasser des angrenzenden Meers hinausragte. Hätte sie den Mut gehabt, sich dem Element anzuvertrauen, so wäre sie von einem der bereitstehenden Boote gerettet worden. Da sie aber angstvoll zögerte, stürzte sich der Ritter in das brennende Haus, stieg hinaus auf den Balken und ließ sich mit Elvire an einem der Tücher in ein Boot hinab. Solche Situationen zwischen Feuer und Wasser finden sich in der Literatur in großer Zahl, vor allem in der Romantik. Goethe hat das Motiv z. B. in *Pandora* verwendet. Für ihn war das Sich-den-Elementen-Anvertrauen immer die entscheidende Form der Selbstrettung des Menschen. Bei Kleist ist Elvires Ängstlichkeit Ausdruck dafür, daß sie die natürliche Unschuld und damit den vorbewußten Instinkt für das Rettende verloren hat. Und mit dieser Angst reißt sie den ins Verderben, der aus einem spontanen Impuls heraus die rettende Tat unternimmt. Die beim Durchgang durch das Haus erlittene Kopfverletzung läßt ihn unmittelbar nach der Tat ohnmächtig zusammensinken. Symbolisch heißt das, daß die durch den Kopf blockierte Elvire nur dadurch gerettet werden kann, daß ein anderer aus einem instinktiven Gefühl heraus eine spontane, gewissermaßen »kopflose« Tat vollbringt, d. h. für sie seinen Kopf opfert. Hätte sie sich vertrauensvoll fallen lassen, hätte der Ritter nicht gegen die Warnung seines Kopfes handeln müssen, und er wäre nicht anschließend in Ohnmacht gefallen, also in den Zustand, der bei Kleist die Zwischenwelt zwischen dem untrüglichen Gefühl und dem für Täuschung anfälligen Bewußtsein bedeutet.

Wir sagten, daß der zu Beginn der Novelle auftretende Knabe, der sich »in seiner Unschuld« an Piachi wendet, gewissermaßen den abstrakten Menschen verkörpert, der in der Erzählung in zwei Personen aufgespalten wird und als Nicolo und Colino auftritt. Als Nicolo tut er in der Welt des Bewußtseins mit kalkulierendem Verstand das, wozu ihn seine animalische Begierde treibt, die damit als eine Pervertierung menschlicher Gefühle erscheint. Als Colino tut er aus edlem Gefühl heraus etwas, wovon ihm sein Verstand eigentlich hätte abraten müssen. Es gibt im Verlauf der Erzählung noch eine zweite Stelle, wo die Erscheinungsformen einer symmetrisch aufgespaltenen Idee des Menschen erneut zusammenkommen, nämlich im Bild des Colino. Hier aber geht es nicht mehr um die Idee der Person, sondern um ihr Idol. Und wieder ist Elvire, ohne es zu wissen, schuld an ihrem Unglück; denn hätte sie nicht den toten Colino zu ihrem Idol gemacht und ihn damit in die falsche Unschuld eines nur scheinbar ewigen Lebens geholt, dann hätte Nicolo nicht aus dieser Maske eines falschen Paradieses eine Teufelsmaske machen können.

Wir haben es hier mit einer Weltsicht und einem Menschenbild zu tun, die beide in gleicher Form in allen Werken Kleists wiederkehren. Dabei werden immer wieder drei mögliche Bewußtseinszustände aufgezeigt: der Zustand der Unschuld, den ein bewußter Mensch nur dann bewahren kann, wenn er unbeirrbar seinem Gefühl vertraut (was er aber vor dem moralischen Bewußtsein nicht verantworten kann), der Zustand einer verantwortlichen Bewußtheit, die trotzdem jederzeit getäuscht werden kann, und der Zustand der Verwirrung, der dann eintritt, wenn Menschen aus dem

Schlaf oder einer Ohnmacht erwachen und nicht zur vollen Bewußtheit zurückfinden. Solche Übergänge vom Erwachen aus einer Ohnmacht in moralische Blindheit hat Kleist immer wieder gestaltet (z. B. in *Penthesilea* und *Die Verlobung in St. Domingo*). In unserer Novelle findet sich das erste Beispiel dafür gleich am Anfang, als der Findling aus seiner »Unschuld« heraus in Ohnmacht fällt und nicht mehr in die Unschuld zurück erwacht, sondern danach zu einer »starren Schönheit« wird mit einem Gesicht, das »ernst und klug, seine Mienen niemals veränderte«. Von da an ist er, der voller Vertrauen war, nur noch der berechnende Verfolger seiner Interessen. Aber auch Elvire ist nicht offen und vertrauensvoll. So wie sie sich nicht dem Element anvertraute, als sie hätte springen müssen, so vertraut sie sich auch ihren Mitmenschen nicht an. Im Grunde betrügt sie ihren Gatten permanent mit dem Idol des Geliebten. Und beide Male, wo Nicolo – beim ersten Mal ahnungslos, beim zweiten absichtlich – die Gestalt des Idols annimmt, sinkt sie in Ohnmacht und verfällt in ein Nervenfieber, beim zweiten Mal mit tödlichem Ausgang. Wie Elvire durch ihren Mangel an Vertrauen unglücklich wird, so stürzt Piachi durch sein falsches Vertrauen in die rationale Planbarkeit des Lebens ins Unglück. Er glaubt alles geschäftsmäßig regeln zu können. So kommt es, daß er da, wo er die vertrauensvolle Annäherung des Knaben hätte spontan erwidern müssen, ängstlich reagiert, während er da, wo er vorsichtiger hätte sein müssen, nämlich bei der Überschreibung seines Eigentums, blind seiner geschäftsmäßigen Planung vertraut. Und als er endlich aus dem blinden Vertrauen herausgerissen wird, beginnt er wie Kohlhaas zu rasen.

Das gleichsam utopische Ziel, das hinter Kleists tragischen Figuren sichtbar wird, ist die völlige Harmonie von Gefühl und Bewußtsein. Nur wenn die Menschen mit untrüglicher Gewißheit fühlen, was sie nach dem Gebot des Bewußtseins sollen, und wenn sie mit dem moralischen Bewußtsein wollen, wozu ihr Gefühl sie treibt, wären sie mit sich selbst im Einklang. Da dies aber nur in der Utopie möglich ist (oder in einem Märchen wie dem *Käthchen von Heilbronn*), werden sie zwischen der Unschuld des Gefühls und der moralischen Forderung des Bewußtseins in heilloser Verwirrung zerrissen. Dies ist eine moralische Position, die – auf Kantischem Boden – sehr prononciert auch von Schiller vertreten wurde und im Grunde allgemeines Gedankengut der Goethezeit war. Aber niemand hat sie so radikal thematisiert wie Kleist.

Mit der hier vorgenommenen thematischen Analyse des *Findling* ist vielleicht etwas deutlicher geworden, was im allgemeinen Teil dieses Buches gemeint war, wenn dort behauptet wurde, daß in der Novelle das »Wahrheitszentrum« außerhalb der Erzählung liegt.

Das, was wir hier als Kleists Welt- und Menschenbild aufgezeigt haben, hätte sich wohl kaum werkimmanent aus der Novelle herausinterpretieren lassen. Nur wenn man Kleists Gesamtwerk kennt und es gegen den Hintergrund des Denkens seiner Zeit liest, wird die charakteristische Problemstruktur sichtbar, die in vielfältigen Abwandlungen, doch in immer gleicher Grundform alle seine Werke bestimmt. Das gleiche gilt für fast alle großen Dichtungen. Werkimmanent sind nur die wenigsten interpretierbar, und es sind gewöhnlich nur die von geringer Komplexität und eher banaler Allgemeingültigkeit. Alle Dichtungen, die ein menschliches Problem so komplex darstellen, daß die unauflöslichen Antinomien aufbrechen und als solche erkennbar werden, tun dies nach bestimmten Denkfiguren, die das kollektive Bewußtsein zum Zeitpunkt der Entstehung des Werks geprägt haben und die der Dichter zu seiner persönlichen Weltdeutung ausgeformt hat. Ohne Rückgriff auf den historischen Ort der einzelnen Dichtung und auf die darin schon angelegte Vorstrukturierung wird man die thematische Struktur eines Werkes kaum freilegen können. Dies aber sollte das vorrangige Ziel jeder Interpretation sein.

Novelle und Kurzgeschichte im Vergleich
Franz Grillparzer: Der arme Spielmann *(1848)*
und Herman Melville:
Bartleby, der Schreiber *(1853)*

Die Novelle ist ihrem Wesen nach ereignisbetont und strebt
einem dramatischen Höhepunkt zu. Deshalb eignet sie sich
weniger gut für personenzentrierte Geschichten, in denen es
um die differenzierte Darstellung von Charakteren geht.
Autoren, denen es dennoch wesentlich auf den Charakter
ankam, haben deshalb – wie Kleist in *Die Marquise von
O . . .* und Hauptmann in *Bahnwärter Thiel* – für ihre Helden eine »unerhörte Begebenheit« konstruiert, in der sich
ihr Charakter offenbart. Eine ganz unnovellistische Form
weist hingegen Franz Grillparzers *Der arme Spielmann* auf.
Daß es sich dennoch um eine Novelle handelt, wollen wir im
folgenden herausarbeiten. Der Stoff geht auf eine tatsächliche Begebenheit zurück, die Grillparzer folgendermaßen
beschreibt:

> Ich speiste viele Jahre hindurch im Gasthaus »Zum
> Jägerhorn« in der Spiegelgasse. Da kam häufig ein armer
> Geiger und spielte auf. Er zeichnete sich durch eine auf-
> fällige Sauberkeit seines Anzuges aus und wirkte durch
> seine unbeholfenen Bewegungen rührend komisch.
> Wenn man ihn beschenkte, dankte er jedesmal mit
> irgendeiner kurzen lateinischen Phrase, was auf eine
> genossene Schulbildung und auf einstige bessere Ver-
> hältnisse des greisen Mannes schließen ließ. Plötzlich
> erschien er nicht mehr, und so eine lange Zeit nicht. Da
> kam die große Überschwemmung im Jahre 1830. Am
> meisten litt die Brigittenau, wo ein berühmter Kirchtag,
> ein lustiges Volksfest, jeden Sommer gefeiert wurde. Ich
> wußte, daß der arme Geiger dort wohnte, und da er
> nicht mehr aufspielen kam, so glaubte ich, daß auch er
> unter den Menschenopfern in der Brigittenau seinen
> Tod gefunden habe. Ich wurde eingeladen, für ein

Taschenbuch eine Novelle zu schreiben, und so versuchte ich eine solche, in welcher mein armer, guter Bekannter als Held figuriert.

Damit scheint die Erzählung der Intention nach jenem realistischen Typ zuzugehören, der im Abbild von tatsächlicher Realität nach der wahren Wirklichkeit sucht, statt für eine wirkliche Wahrheit eine Fabel zu erfinden. Nach unserer Grundannahme dürfte dann aber keine Novelle daraus werden, sondern höchstens eine Erzählung.

Die Geschichte ist äußerst handlungsarm. Zunächst wird sie eingebettet in eine Rahmenerzählung, in der der Erzähler berichtet, wie er den armen Spielmann kennenlernte, wie dieser seine Neugier weckte, wie er ihn aufsuchte und sich von ihm seine Lebensgeschichte erzählen ließ. Schon in der Rahmenerzählung erscheint der Spielmann als eine rätselhafte Figur. Er ist offensichtlich sehr arm, aber reinlich und von liebenswürdiger Höflichkeit. Die Musik scheint er inbrünstig zu lieben, und doch spielt er seine Geige erbärmlich schlecht. Aus seiner Lebensbeichte erfährt der Leser, daß er der Sohn eines bekannten Staatsmannes war, dem der Vater eine höhere Bildung zuteil werden lassen wollte. Doch der Sohn war von so schwacher Begabung, daß er die Schule verlassen mußte. Auch alle weiteren Ausbildungsversuche führten zu keinem Erfolg. Den Geigenunterricht empfand er als Folter, während ihm das freie Fantasieren auf seinem Instrument Vergnügen machte; doch das wurde ihm als »Ohrenfolter« untersagt. Einmal hörte er vom Nachbarhof ein Lied, das ihm zu Herzen ging. Es wurde von einem Mädchen gesungen, das auf den Straßen Kuchen verkaufte. Sie war klein, pockennarbig und von stämmigem Wuchs, außerdem von sehr ruppigem Wesen. Der Junge freundete sich dennoch mit ihr an und gewann ihre Liebe, obwohl sie sich dies kaum anmerken ließ. Als der Held nach dem Tode seines Vaters eine nicht unbeträchtliche Erbschaft machte, wurde er auch für den Vater des Mädchens als möglicher Schwiegersohn interessant. Doch verlor er sein Geld gleich darauf an einen

Betrüger und wurde nun auch von dem Mädchen wegge-
schickt, da sie sich jetzt durch grobe Arbeit ihren Lebensun-
terhalt verdienen mußte. Sie heiratete bald darauf einen Flei-
scher. Jahre später traf er sie wieder und wurde Geigenlehrer
bei einem ihrer Kinder. Hier endet die Erzählung des Alten,
und die Rahmenerzählung wird fortgesetzt. Es folgt der
Bericht von der Überschwemmung und dem Tod des Spielmanns. Zuletzt geht der Erzähler noch zu der Frau des Flei-
schers und will ihr die Geige des Spielmanns abhandeln.
Doch sie lehnt es entschieden ab, ihm das Instrument auszu-
händigen. Der Erzähler, dem sie den Rücken zuwendet, sieht
nur noch, wie ihr ein Tränenstrom über die Backen rinnt.
Obwohl die Geschichte keinerlei dramatische Handlung hat,
ist die hier versuchte knappe Nacherzählung fast ebenso lang
ausgefallen wie bei Kleists handlungsstarkem *Findling*; denn
das ganze Drama findet im Innern der Personen statt und
muß erst einmal in der kargen Handlung nachgezeichnet
werden. Zwei Personen stehen im Mittelpunkt, die eine
spröde, aber dennoch gefühlsstarke Beziehung zueinander
haben, der lebensuntüchtige Geiger und die vierschrötige
Kuchenverkäuferin und spätere Fleischersfrau. Beide scheinen extreme Gegensätze zu sein, und doch zeigen sie ein
ganz ähnliches Charakterproblem. Der Mann ist ein hyper-
sensibler Musikliebhaber, dem aber jede künstlerische
Fähigkeit zur Gestaltung seines Empfindens fehlt. Die Frau
ist zu tiefer Empfindung fähig, aber ihre groben Lebensver-
hältnisse und ihr grobes Äußeres umgeben sie wie eine harte
Schale, durch die ihre Gefühle nicht hindurchdringen können. In beiden fallen Wesen und Wirklichkeit der Person
hoffnungslos auseinander. Er, eine Künstlernatur, kann den
Ausdruck seines Innern nicht leisten, und sie, hart arbeitende Kleinbürgerin, kann ihn sich nicht leisten. So sind sie
unfähig, ihr wahres Sein wirklich zu leben. Sie selber sind
daran völlig unschuldig. Der Mann ist Künstler nur seinem
innersten Wesen nach, real reicht sein Talent nicht einmal
zum Dilettantismus. Die Frau ist fähig, den edlen Kern in
dem weltfremden Mann zu erkennen und zu lieben, aber ihre

Lebensumstände haben sie nicht nur häßlich, sondern auch grob gemacht, und ihre Armut zwingt sie dazu, ihre tiefsten Gefühle der Sicherung ihrer materiellen Existenz zu opfern. Dies ist ein ganz neues, unromantisches Menschenbild. Hier ist der innere Kern des Menschen nicht mehr die Entelechie, die sich wie bei Wilhelm Meister in einem Bildungsprozeß entfalten kann oder sich wie bei Faust in einem moralischen Konflikt bewähren muß. Der Kern ist vielmehr etwas, das im Innern angelegt ist, aber nicht realisiert werden kann, entweder weil es die äußeren Umstände nicht zulassen oder weil die dafür erforderliche Persönlichkeitsstruktur fehlt.

Das Auseinanderfallen von Innen und Außen ist ein Problem, das die gesamte nachromantische Literatur durchzieht. Büchners Lenz und Woyzeck, Gontscharows Oblomow, Hardys Juda und Hauptmanns Michael Kramer sind nur einige Beispiele. Wenn Grillparzers Erzählung in dieser Tradition steht, dann dürfte auf sie unsere Novellendefinition eigentlich nicht zutreffen; denn dann geht es doch offensichtlich um das Freilegen der wahren Wirklichkeit, nämlich des wahren Charakters der beiden Figuren. Doch der Spielmann trägt in sich noch ein Stück der romantischen wirklichen Wahrheit, nämlich die Musik. Auch wenn er sie nicht künstlerisch ausdrücken kann, lebt sie in ihm in vollem Umfang und mit ganzer Tiefe. Deshalb läßt Grillparzer die Geschichte am Ende im Bild der Geige zusammenlaufen; sie ist der Falke seiner Novelle und weist aus der erzählten Wirklichkeit hinaus auf das, was die Romantiker als die ewige Sphäre der Kunst empfanden. In der Wohnstube hängt die Geige »mit einer Art Symmetrie geordnet neben dem Spiegel und einem Kruzifix gegenüber an der Wand«. Der Spiegel reflektiert die tatsächliche Wirklichkeit, das Kruzifix steht für die ewige Wahrheit, und die Geige ist das Instrument, das die Wahrheit der Kunst in die Wirklichkeit holt. Hier ist Grillparzers realistische Novelle wie durch eine Nabelschnur noch mit der Romantik verbunden. Und eben deshalb ist es eine Novelle.

Dieser Novelle wollen wir nun Herman Melvilles Kurzgeschichte *Bartleby, der Schreiber* gegenüberstellen. In ihr berichtet ein Ich-Erzähler von einem sonderbaren Mann mit Namen Bartleby, den er in seiner Rechtsanwaltskanzlei als Schreiber anstellt; doch als er ihm andere Arbeiten als das Kopieren aufträgt, sagt der merkwürdige Mensch nur leise und bestimmt: »Ich möchte lieber nicht.« Geduldig versucht der Erzähler, seinen Schreiber von der Unzulässigkeit dieser Verweigerung zu überzeugen. Bartleby bleibt dabei und verweigert sich nur noch mehr, bis er zuletzt überhaupt nicht mehr arbeitet, sich in das Kontor einschließt und dort wie in einer Klause lebt. Der Erzähler bringt es nicht übers Herz, ihn hinauszuwerfen. Statt dessen mietet er sich ein neues Büro und überläßt es dem Nachmieter, mit Bartleby fertig zu werden. Dieser wird ausgewiesen, hält sich aber noch wochenlang im Treppenhaus des Bürogebäudes auf und wird schließlich von der Polizei in ein Asyl gebracht, wo er noch eine Weile dahinvegetiert, bis er schließlich auch die Nahrungsaufnahme verweigert und stirbt.

Auch Bartleby ist, wie Grillparzers Spielmann, ein Lebensuntüchtiger, der sich wie ein verstörtes Tier immer tiefer in seinen Bau zurückzieht, weil er die Spielregeln der Welt entweder nicht versteht oder einfach nicht akzeptieren will. Aber anders als bei dem Spielmann bleibt sein Inneres ein völliges Rätsel. Mit Engelsgeduld versucht der Erzähler, dem Rätsel auf die Spur zu kommen. Doch Bartleby verweigert jeden Einblick. Die Geschichte zieht sich in konzentrischen Kreisen auf dieses Rätsel hin zusammen und versucht, das Wesen dieses Menschen, also seine wahre Wirklichkeit, zu ergründen. Doch es bleibt ein dunkles Zentrum mitten in der dargestellten Realität. Bartleby verweist auf nichts außerhalb des Erzählten. Er steht für keinen normativen Wert und auch für keine überpersönliche Wesenheit, er ist der nackte, von allen Eigenschaften, Fähigkeiten und Fertigkeiten entblößte Mensch, gewissermaßen das Menschliche schlechthin, die undefinierbare Trägersubstanz der Attribute, die den Menschen ausmachen. Insofern liegt das Wahrheitszentrum mitten in der erzählten Wirklichkeit. Wir haben es also mit einem unserer Definition entsprechenden Kurzgeschichte zu tun. Auch die Erzähltechnik entspricht dieser Form. Da ist zunächst einmal die kurze Erzähldistanz des aktiv involvierten Erzählers. Kurzgeschichtenhaft ist auch der Kunstgriff, das handlungsarme Geschehen durch das Drei-Schritt-Schema zu strukturieren, so daß der Leser auf einen antizipierbaren Schluß hin gespannt wird. Noch vor Bartlebys Erscheinen werden nacheinander erst einmal die drei Angestellten der Kanzlei vorgestellt, die die Spitznamen Puter, Beißzange und Pfeffernuß tragen. Danach tritt Bartleby auf und verweigert dreimal die Arbeit, wobei er jedesmal sein »Ich möchte lieber nicht« wiederholt, beim letzten Mal in der Form: »Ich *möchte nicht*«. Es ließen sich noch weitere Dreigliedrigkeiten aufzeigen, z. B. der dreimalige Ortswechsel von der alten Kanzlei zur neuen und dann zu den »Gräbern«, dem Asyl. Es dürfte wohl nicht ohne Absicht sein, wenn ausdrücklich gesagt wird, daß der Erzähler von drei Schlüsseln zu seiner Kanzlei wußte. Der vierte war verschwunden. Doch dann stellt sich heraus, daß Bartleby sich mit Hilfe des vierten Schlüssels Zugang zur Kanzlei verschaffte. Bartleby ist, wie der vierte Schlüssel, der aus der Ordnung Herausgefallene, der Mensch, der nichts mehr hat als bloß sein Menschsein. Dies spricht die Kurzgeschichte in ihrem letzten Satz aus:

Ja, Bartleby! Ja, Menschentum!

Menschentum ist zwar etwas Allgemeines außerhalb der Erzählung, aber hier geht es nicht um die Menschheit, sondern um den nackten Menschen, der im Mittelpunkt der Geschichte steht und dessen »wahre Wirklichkeit« durch die Reduktion Bartlebys auf seine Nacktheit freigelegt wird.

Abgrenzung der Novelle vom Roman
Theodor Storm: Der Schimmelreiter *(1888)*

Bei der Entscheidung, ob ein Text eine Novelle oder ein Roman ist, wird der Leser im allgemeinen kaum zögern. Wo er dennoch im Zweifel ist, hat er es gewöhnlich mit einer narrativen Form zu tun, die weder eine richtige Novelle noch ein richtiger Roman ist, sondern etwas, wofür man gewöhnlich den Begriff Erzählung verwendet. Obwohl also gar kein Bedarf einer Abgrenzung der beiden Formen zu bestehen scheint, gibt eine solche doch Aufschluß über ihre grundsätzlichen Eigentümlichkeiten. Novellen stellen menschliches Handeln dar. Viele Romane tun dies ebenfalls, doch die großen der Weltliteratur, zumal in neuerer Zeit, widmen sich vor allem der Darstellung zwischenmenschlicher Beziehungen. Diese wiederum spielen in der Novelle eine untergeordnete Rolle und sind allenfalls im Zusammenhang mit dem zentralen Handeln von Interesse. Daraus läßt sich folgern, daß es wohl novellistische Romane, aber keine romanhaften Novellen geben kann. In der Tat lassen sich viele, darunter sehr bedeutende, Romane nennen, deren substantieller Kern durchaus in Novellenform hätte erzählt werden können. Goethes *Wahlverwandtschaften* waren vom Dichter selbst zunächst als Novelle konzipiert und lassen den novellistischen Charakter auch in der späteren Romanform noch deutlich erkennen. Emily Brontës *Sturmhöhe*, Joseph Conrads *Lord Jim* oder Fontanes *Effi Briest* kann man sich sehr gut als Novellen vorstellen. Grimmelshausens *Simplicissimus*, Fieldings *Tom Jones* oder Tolstojs *Krieg und Frieden* sind dagegen als Novellen undenkbar. Gesellschaftsromane, die entweder in episodischer Form eine Vielfalt sozialer Milieus vorführen oder ein Zeitgemälde aus Panoramasicht aufrollen, haben den großen epischen Atem, den wir nur vom Roman kennen. Daneben gibt es aber, wie schon gesagt, Romane, die weniger episch als dramatisch konzipiert sind. Diese stehen der Novelle sehr nahe und unterscheiden sich von ihr nur durch die größere Stoffülle, durch detailliertere Episoden oder durch ein breiteres gesellschaftliches Panorama.

Theodor Storms Novelle *Der Schimmelreiter*, die eine der längsten der deutschen Literatur ist, könnte man sich durchaus auch als Roman vorstellen. Sie erzählt die Geschichte eines Mannes, der bei der Verwirklichung der Lebensaufgabe, die er sich zum Ziel gesetzt hat, am Widerstand seiner gesellschaftlichen Umwelt scheitert. Ihr Held, Hauke Haien, ist der Sohn eines nicht sehr begüterten Mannes, der aber wegen seiner modernen, naturwissenschaftlichen Bildung hohes Ansehen genießt. Hauke wird in eine Bauerngemeinde hineingeboren, die an der nordfriesischen Küste einen zähen Kampf gegen die immer wieder drohende Gefahr verheerender Sturmfluten kämpft. Deshalb hat dort der Deichgraf, der die Verantwortung für Bau und Instandhaltung der Deiche trägt, das wichtigste Amt der ganzen Region. Volkerts, der alte, nicht allzu kompetente Deichgraf, hatte die Zügel schleifen lassen. Da verdingt sich Hauke Haien bei ihm als Knecht und hilft ihm mit seinen mathematischen Kenntnissen bei der Amtsführung. Hauke wird nicht nur allmählich der heimliche Deichgraf, sondern verliebt sich zudem in Volkerts Tochter Elke. Nach dem Tode des alten Volkerts heiraten die beiden, Hauke wird Deichgraf und plant eine Reihe von Neuerungen, unter anderem den Bau eines neuen Deiches mit flacherem Profil, der einer Sturmflut weit besser standhält, allerdings größere Kosten verursacht. Gegen den zähen Widerstand einiger Gemeindemitglieder, die aus Geiz oder Neid die höheren Deichgebühren nicht zahlen wollen, setzt Hauke sein Projekt schließlich durch. Als die letzte Lücke zwischen dem alten und dem neuen Deich geschlossen werden soll, wirft einer der Helfer einen Hund in die Erdmassen, weil nach altem Brauch etwas Lebendiges mit eingegraben werden muß, wenn der Deich halten soll. Hauke Haien empört sich gegen solchen Aberglauben und holt den Hund wieder aus dem Schlamm hervor. Als später eine schwere Sturmflut kommt, bricht der Deich an dieser Stelle. Hauke sieht die Kutsche mit seiner Frau und seiner Tochter

in den Fluten versinken und stürzt sich selbst in die Bruch-
stelle des Deichs. Dies ist in groben Zügen das Handlungsgerüst der Novelle.

Das zentrale Thema ist klar zu erkennen. Es geht um den
Kampf eines modernen, wissenschaftlichen Aufklärers gegen
die blinde Gewalt der Elemente, aber auch gegen die Engstir-
nigkeit seiner Mitwelt. Ein solcher Stoff hätte ohne weiteres
als Roman erzählt werden können. Sucht man nach einem
Vergleich, so bietet sich wiederum ein Werk Melvilles an,
nämlich dessen monumentaler Roman *Moby Dick*. Dort
wird die Geschichte des Kapitän Ahab erzählt, der mit der
gleichen Besessenheit, mit der Hauke Haien die wilde See
besiegen will, den weißen Wal verfolgt und von ihm zuletzt
vernichtet wird. Melville macht aus diesem Stoff ein gewalti-
ges Epos, das dem Leser ein ganzes Kompendium über den
Walfang, seine Geschichte und Technik vermittelt und das
Geschehen in solchen kosmischen Dimensionen entfaltet
daß Ahab wie eine von tragischer Hybris befallene Faustge-
stalt erscheint. Trotz der nach Umfang und Thema außeror-
dentlichen Dimensionen dieses Romans liegt ihm aber eine
im Kern novellistische Struktur zugrunde. Hätte Melville auf
die lexikalische Information über Wale und den Walfang
sowie auf seine philosophisch-theologischen Erörterungen
verzichtet und sich ganz auf das nackte Handlungsgerüst
beschränkt, so wäre das Ergebnis zweifellos eine Novelle
und kein Roman gewesen. Damit soll nicht gesagt sein, daß
er seine Erzählung zum Roman aufgebläht hat. Im Gegenteil, die novellistische Grundstruktur dient ihm nur als
Gerüst für das, worauf es ihm ankommt, nämlich die Darstellung des Kampfes, bei dem ein Mensch in monomani-
scher Rachsucht den weißen Wal als die Inkarnation des
Bösen verfolgt und dabei selbst zum satanischen Empörer
gegen die Ordnung der Natur wird. Obwohl sich aus dem
Kampf Hauke Haiens ein ähnliches Epos hätte formen lassen, entschied sich Storm für die novellistische Form. Das
erforderte ganz bestimmte erzähltechnische Kunstgriffe.
Wie Melvilles Roman so wird auch diese Novelle einen

84

rzähler in den Mund gelegt. Bei Melville aber ist der Erzähler der einzige aus Kapitän Ahabs Mannschaft, der die Vernichtung des Schiffs durch den Wal überlebte. Bei Storm ist es ein Unbeteiligter, der sich seinerseits die ganze Begebenheit während einer drohenden Sturmflut von einem Ortsansässigen erzählen läßt. Damit wird die Erzählung in der für die Novelle typischen Weise in eine äußere Realität eingebettet, während Melville seine dargestellte Realität auf ein Erzählzentrum in ihrem Innern bezieht. (Das Wahrheitszentrum aber liegt auch bei ihm außerhalb des Erzählten, weshalb, wie gesagt, der Roman auch eine Novelle hätte werden können.) Während Melville sein Romangeschehen in epischer Breite entfaltet, ist Storms Novelle von Anfang an auf den Zielpunkt ausgerichtet.

Die Geschichte beginnt und endet mit einer Sturmflut. Um genau zu sein: sie ist in ein Rahmengeschehen eingebettet, bei dem am Anfang die Sturmflut droht, während sie am Ende abklingt. In der eingelagerten Hauptgeschichte ist es genau umgekehrt. Dort endet die Geschichte mit einer Sturmflut, während sie mit der langen Vorgeschichte eines Kampfes gegen das Meer beginnt. Das Signal, das aus der Rahmengeschichte heraus die Hauptgeschichte einleitet, ist der neugiermachende Ausruf »Der Schimmelreiter!«, der einem Anwesenden entfährt. Dieses Signalwort ist der Falke der Novelle. Allerdings taucht das Motiv in der eigentlichen Erzählung erst sehr spät auf. Dadurch erhält es nicht nur die Funktion eines Startschusses, sondern auch die eines Zielpunktes. In der Erzählung wird von einem Pferdeskelett berichtet, das seit langem auf einer flachen unbewohnten Hallig lag. Vom Deich aus schien es aber oft so, als bewege sich ein lebendiger Schimmel auf der Insel. Als Hauke Haien als neuer Deichgraf auf dem Pferdemarkt einen jungen, völlig heruntergekommenen Schimmel ersteht und ihn zur Verwunderung aller zu einem feurigen Reitpferd hochpäppelt, ist das Skelett samt der Erscheinung auf einmal von der Hallig verschwunden. Für die Leute in der Umgebung ist klar, daß es hier nicht mit rechten Dingen zugegangen sein kann und daß der Deichgraf mit Geistern, wenn nicht mit dem Teufel im Bunde sein müsse. Die dichterische Funktion des Motivs ist die eines Zentralsymbols, in dem der Grundkonflikt der Novelle anschaulich zusammengefaßt wird. Der aufgeklärte Hauke hatte dem klapprigen Schimmel ins Maul geschaut und wußte, daß er einen guten Kauf machte, als er ihn billig erstand. Für ihn war es ein klug kalkuliertes Geschäft. Für die im Aberglauben befangenen Dorfbewohner deutete hingegen alles auf etwas Übernatürliches hin. In der Erzählung wird ausführlich beschrieben, wie zwei junge Männer die Erscheinung eines Schimmels auf der Hallig beobachten und dann auf die Hallig fahren, wo das Skelett auf einmal unauffindbar ist. Aus dieser Beschreibung wird deutlich, daß es sich hier um Sinnestäuschungen handelt und abergläubische Menschen das sehen, was sie sehen wollen. Der Schimmel ist also das ambivalente Symbol sowohl für die beherrschte als auch für die unbegriffene und deshalb magische Natur.

Auf ähnliche Weise wird noch ein anderes Motiv eingesetzt. Gleich am Anfang der eigentlichen Erzählung wird von Hauke berichtet, wie er einmal nach der Jagd auf Seevögel mit seiner Beute heimwärts geht und von einem tückischen Angorakater verletzt wird, der ihm die toten Vögel entreißen will. Hauke packt den Kater im Zorn und tötet ihn, der der Liebling und einzige Genosse einer alten Frau war. Hauke fühlt sich völlig im Recht, seine Beute gegen den Kater verteidigt zu haben. Sehr viel später aber spricht er den Bauern das Recht ab, dem alten Aberglauben zu folgen und einen Hund lebendig in dem Deich zu begraben. Die rationale Rechtfertigung der Tötung eines Tieres läßt er gelten, die irrationale nicht. Damit wird der Grundkonflikt der Novelle ein weiteres Mal durch eine ambivalente Symbolkonstellation angezeigt.

Storm begnügt sich nicht damit, seiner Geschichte nur dieses bedeutungsvolle Symbolskelett einzuziehen. Er arbeitet den Konflikt auch ganz realistisch in das erzählte Geschehen ein. So wird der rationale Aufklärer als ein junger Mann gezeigt

er da, wo spontanes Gefühl erforderlich ist, seltsam schüch-
ern reagiert. Die Verbindung mit Elke geht viel eher auf ihre
ls auf seine Initiative zurück. Daß die Ehe dann neun Jahre
inderlos bleibt und die endlich geborene Tochter sich als
eistig zurückgeblieben erweist, verstärkt den Eindruck, daß
ier ein Mensch mit Faustischer Hybris nicht nur die alte
Ordnung verlassen, sondern auch gegen die Natur verstoßen
at, die sich an ihm rächt, indem sie ihm zeigt, wo die Gren-
en seiner Macht sind. Es gibt in der Novelle ein Wort, das
ie ein Leitmotiv wiederkehrt, nämlich »lebig«. Schon die
ngewöhnliche Dialektform für »lebendig« läßt es aus dem
ext heraussstehen. Das Wort taucht zum erstenmal auf, als
ie alte Trin' Jans um ihren Angorakater klagt. Es kehrt wie-
er, als die Deichbauer etwas »Lebigs« in den Deich eingra-
en wollen. Und zum drittenmal erscheint es, als Trin',
leichsam als Wiedergutmachung für den Kater, auf den Hof
es Deichgrafen geholt wird, um dort ihren Lebensabend zu
erbringen. Dort heißt es: »Aber auch was Lebiges hatte sie
och um sich gehabt und mit hierhergebracht: das war die
Möwe Claus [. . .].« Wenig später bietet Trin' der kleinen
ochter des Deichgrafen den mit dem Angorafell überzoge-
en Hocker an und sagt: »Wenn er noch lebig wäre, so könn-
est du auf ihm reiten.« Die auffällige Wiederholung dieses
icher nicht zufällig so hervorstechenden Wortes markiert
inen entscheidenden Aspekt des zentralen Themas. Es geht
m das Grunddilemma, daß der Mensch einerseits als ratio-
ales Wesen die Natur beherrschen und kontrollieren muß
nd daß er andererseits als Naturwesen auf sie angewiesen ist
nd sie deshalb respektieren sollte. Hauke tötet den Kater,
ls dieser sich ihm als Rivale entgegenstellt und ihm die Beute
reitig macht. Damit bricht er dieses Tier symbolisch aus der
ette der Schöpfung heraus und muß nun all das selber
ahrnehmen, was die Schöpfung dem Kater zugewiesen
atte, d. h., er muß die Mäuse jetzt selber jagen. Die symboli-
he Quittung für seine Tat erhält er dadurch, daß die Wühl-
äuse seinen Deich an der Stelle unterminieren, an der er
amals durch die Rettung des Hundes aus der alten Tradition

magischer Naturverehrung ausgebrochen ist und ausschließ
lich auf seine rationalen Fähigkeiten vertraute. Das Fazit die
ser symbolischen Aussage könnte man so formulieren: Wenn
der Mensch im Vertrauen auf seine Vernunft die Herrschaf
über die Natur antritt, dann muß er die ganze Verantwor
tung übernehmen und darf nicht einen Augenblick lang in
seiner rationalen Kontrolle nachlassen. Als Hauke erkrank
und für kurze Zeit seine Aufgaben als Deichgraf vernachläs
sigen muß, entdeckt er danach die Mäusegänge im Deich und
»erschrak heftig«. Doch dann beruhigt er sich und begnüg
sich mit einer oberflächlichen Reparatur.

> Er berief die Gevollmächtigten, und die Arbeiten wur
> den ohne Widerspruch beschlossen, was bisher noch ni
> geschehen war. Der Deichgraf meinte eine stärkend
> Ruhe in seinem noch geschwächten Körper sich verbrei
> ten zu fühlen, und nach einigen Wochen war alles saube
> ausgeführt.« (S. 127

Dies ist sein einziger Augenblick der Schwäche. Ironischer
weise ist es zugleich aber auch das erstemal, daß ihm di
widerstrebenden Bauern, die er bis dahin immer mit de
Autorität seines Amtes zu den Deicharbeiten zwinge
mußte, ohne Widerspruch folgen. Hauke wird danach da
Gefühl nicht los, daß er den Dingen nicht auf den Grun
gegangen ist und sich vorschnell beruhigt hat. Und tatsäch
lich ist es diese Stelle, an der der Deich bei der Sturmflu
bricht. Die letzte Szene vertieft die Symbolik noch um ei
Weiteres. Hauke reitet während des Sturms durch de
Hauke-Haien-Koog. »Der nasse saugende Klei schie
gleichwohl die Hufen des Tieres nicht zu halten.« Ihm ist, a
sei dem Pferd die zahme Möwe Claus unter die Hufe gekom
men. Jetzt hat er tatsächlich etwas »Lebigs« in den Boden sei
nes Koogs gestampft. Und als er dann die Männer daran hin
dert, den neuen Deich zur Rettung des alten Koogs z
durchstechen, rettet er in der Tat seinen Koog. Aber der alt
Deich bricht. Er sieht das zweirädrige Gefährt mit seine
Frau und dem Kind in die andrängende Flut rasen und stürz

ch dann selbst mit seinem Schimmel hinein. Unmittelbar orher aber hatte er noch das, was in der Tragödientheorie als *nagnorisis* bezeichnet wird: den Augenblick des Erkennens einer Schuld. Wie in der Tragödie geht er an einer Hamartja, nem, gemessen an den Folgen, geringfügigen Irrtum ugrunde. Hätte er damals die gründliche Reparatur des Deichs durchgesetzt, so wie er es zuerst wollte, dann wäre es alles nicht geschehen. Er aber hatte sich, geschwächt urch seine Krankheit, seinem Widersacher Ole Peters ebeugt und sich zur Vermeidung neuen Streits selbst eschwichtigt. Dies alles geht ihm im Angesicht seines Untergangs durch den Sinn.

> »Herr Gott, ja ich bekenn es«, rief er plötzlich laut in
> den Sturm hinaus, »ich habe meines Amtes schlecht
> gewartet!«   (S. 141)

lit diesem ganz offensichtlich am Tragödienschema orien- erten Handlungsaufbau bestätigt Storm praktisch, was er neoretisch meinte, als er in einer geplanten, dann aber wie- er zurückgezogenen Vorrede zu einer Werkausgabe die Iovelle als »die Schwester des Dramas und die strengste orm der Prosadichtung« definierte. So ist der *Schimmelrei- r* trotz der kaum zu übersehenden thematischen Verwandt- haft mit *Moby Dick* diesem Roman dennoch völlig ent- egengesetzt. Melvilles Roman ist eine der klassisch gewor- enen Ausformungen des sogenannten *quest*-Motivs. Man ersteht darunter das dem Mythos entstammende Motiv der uche nach einem letzten Sinnprinzip, so wie es in Wolfram on Eschenbachs *Parzival* beispielhaft vorgeprägt wurde. Es t seitdem eines der charakteristischen Romanmotive geblie- en. Storms Held ist kein Suchender, sondern einer, der sei- er Zeit voraus ist und die Hybris seines übermäßigen Ver- auens in seine Verstandeskräfte wegen eines einzigen Irr- ums mit dem Leben bezahlen muß. Dies ist ein spezifisch ramatisches Motiv, das in einer Novelle seinen adäquaten zählerischen Ausdruck finden konnte, sich aber in einem oman vermutlich ganz anders entwickelt hätte. Auch wenn solche hypothetischen Spekulationen müßig sein mögen, is es doch sehr wahrscheinlich, daß Hauke Haien in einer Roman kein tragisch Scheiternder, sondern ein resignieren der Held geworden wäre. Ein Roman über einen solche Stoff hätte den Helden psychologisch glaubwürdig vo innen zeigen müssen. Das aber wäre wohl nur dadurch mög lich gewesen, daß dem Leser vorgeführt worden wäre, w Hauke Haien sich langsam am Widerstand seiner Umgebun aufreibt und wie er zuletzt desillusioniert im Sumpf der All tagskompromisse versinkt. Daß Melvilles Roman nicht au dieses Desillusionierungsschema hinausläuft, liegt einzi und allein daran, daß er ein wesentliches Element des bürger lichen Romans gänzlich ausblendet: die bürgerliche Gesell schaft. So wurde sein monumentales Epos paradoxerweis ein novellistischer Roman.

Auch bei Storm kommt die bürgerliche Welt nicht in ihre ganzen Realität zur Geltung. Hauke Haiens Widersacher i ja in Wirklichkeit nicht das Meer, sondern die Dorfgemeir schaft. Dies wird in der Novelle auch so dargestellt. Das abe so scheint es, reichte für Storm nicht aus, um tragische Wir kung zu erzielen. Deshalb läßt er gegen Hauke einen erhabe neren, schicksalsmächtigeren Gegner antreten, eben da Meer. Wir haben es hier mit einer ähnlichen Verschiebun der Problemlast zu tun, wie sie im 19. Jahrhundert oft z beobachten ist. So als scheuten sich die Dichter, die gesel schaftlichen Probleme in ihrer nackten Härte anzuerkenne verschoben sie sie ins Irrationale und sahen im Schicksal ode in einer dämonisierten Natur den Grund für Tragik. D Engländer Thomas Hardy, dessen Roman *Tess von de d'Urbervilles* wir in unserem Romanbuch interpretie haben, ist hierfür ein besonders herausragendes Beispiel.

Moderne Novelle
Günter Grass: Katz und Maus *(1961)*

Zwei Jahre nach dem sensationellen Erfolg der *Blechtrommel*
ließ Günter Grass ihr die Novelle *Katz und Maus* folgen, das
zweite Werk der sogenannten Danziger Trilogie, die er, aber-
mals zwei Jahre später, mit den *Hundejahren* abschloß.
Während er in dem ersten und dritten Werk seiner erzähleri-
schen Phantasie freien Lauf ließ, zeigte er im zweiten eine für
ihn ganz ungewohnte Konzentration. Die Tatsache, daß er
diese Erzählung im Untertitel bewußt als Novelle bezeichnete, weist bereits darauf hin, daß er ganz offensichtlich seinem nach allen Seiten hin ausufernden, barocken Erstling ein
Werk von novellistischer Strenge an die Seite stellen wollte.
An barocker Sprachgewalt mangelt es auch der Novelle
nicht, doch wird die detailfreudige Erzählung in ein so enges
Handlungsgerüst gefügt, daß als Folge davon eine Realitäts-
darstellung von extremer Dichte entsteht. Die Handlung ist
für eine Novelle äußerst karg. Pilenz, der Ich-Erzähler, versucht seine Erinnerungen an seinen ehemaligen Mitschüler
Joachim Mahlke zu Papier zu bringen, der ein so ungewöhn-
licher Mensch war, daß er im Verlauf der Erzählung immer
wieder als »der Große Mahlke« bezeichnet wird. In der
unvermittelt einsetzenden Eingangsszene wird beschrieben,
wie Pilenz auf einem Sportplatz a dem im Grase schlafen-
den Mahlke dessen Adamsapfel beobachtet, »weil er groß
war, immer in Bewegung und einen Schatten warf«. Pilenz –
oder ein Mitschüler – veranlaßt eine vorbeistreunende Katze,
sich auf den zuckenden Adamsapfel wie auf eine Maus zu
stürzen. Nach dieser thematischen Eröffnung folgt die
Geschichte Mahlkes von seinem vierzehnten Lebensjahr
kurz nach Kriegsbeginn bis zu seinem geheimnisvollen Verschwinden im letzten Kriegsjahr. Mahlke ist ein ungelenker,
schwächlich aussehender und scheinbar verschrobener
Junge, der dennoch alle anderen auf nahezu allen Gebieten
übertrifft. Mit vierzehn ist er der einzige, der noch nicht
schwimmen kann. Doch wenig später hat er es sich selber

beigebracht und schwimmt und taucht besser als die anderen. Beim Turnen sieht es grotesk aus, wenn sein dürrer, knochiger Körper an der Reckstange hängt, und doch schafft er mehr Kniewellen als der beste Turner der Klasse. So erwirbt er sich zuerst den Respekt und bald die uneingeschränkte Bewunderung einer Freundestruppe, die im Sommer viel Zeit auf dem Wrack eines auf Grund liegenden polnischen Minensuchboots verbringt. Die Jungs tauchen in den Schiffskörper hinab und suchen nach interessanten Fundstücken; aber nur der ständig bibbernde Mahlke schafft es, mit einem Schraubenzieher, den er am Hals baumeln hat, immer neue Messingschilder und sonstige Gegenstände, wie einen Feuerlöscher und ein Grammophon, aus dem Innern des Wracks herauszuholen. Schließlich gelingt es ihm sogar, durch ein waghalsiges Tauchmanöver im Innern des Schiffsrumpfes bis zu dem aus dem Wasser herausragenden Brückenaufbau zu tauchen und sich dort eine Klause einzurichten, die für die anderen unzugänglich ist. Während die anderen Jungen, von der spilerigen Tulla Pokriefke angestachelt, auf dem Schiffsdeck um die Wette onanieren, läßt Mahlke seine Badehose an und hält sich abseits. Als ihm dann aber Tulla keine Ruhe läßt, zeigt er den anderen, daß er auch in puncto Männlichkeit allen überlegen ist. Hätte Mahlke allein sportliche Taten und Mutbeweise zu bieten gehabt, so wäre er nur einer der üblichen Helden der Jugendliteratur geworden. Doch er ist nicht nur der Held, der alles besser kann, er ist zugleich ein Sonderling, der einen fanatischen Marienkult treibt, keine Messe ausläßt und sein Zimmer – und vermutlich auch seine geheime Schiffsklause – zur Privatkapelle ausbaut. Auf dem Höhepunkt des U-Boot-Kriegs kommt ein ehemaliger Schüler als hochdekorierter Kapitänleutnant in die Schule und hält dort einen wehrkraftfördernden Vortrag. Als er dann noch an einer Turnstunde teilnimmt, klaut Mahlke ihm das Eiserne Kreuz. Mahlke stellt sich freiwillig dem Direktor, muß die Schule wechseln, wird aber bald selber Soldat und bringt es als Panzerkommandant in kurzer Zeit zu so vielen Abschüssen russischer T 34-Panzer, daß er schon als Unterffizier ebenfalls mit dem Eisernen Kreuz dekoriert wird. Während eines Fronturlaubs will er einen seiner fanatisch gehegten Träume verwirklichen und wie jener U-Boot-Kommandant in der Aula seiner Schule einen Vortrag halten, was ihm aber wegen des damaligen Vorfalls verwehrt wird. Wie gebrochen überschreitet er den Fronturlaub und versteckt sich in seiner Klause auf dem Wrack, um sich von dort mit Hilfe von Pilenz nachts auf ein schwedisches Schiff abzusetzen. Pilenz sieht ihn in das Wrack hinabtauchen und wartet auf ein Klopfzeichen. Aber er hört nichts mehr. Seitdem hat der Erzähler bis zur Niederschrift seiner Geschichte immer wieder versucht, etwas über den Verbleib Mahlkes herauszufinden, aber alle Versuche blieben erfolglos.

Dies ist in groben Umrissen die Geschichte, in deren Gerüst zahlreiche weitere Details eingefügt sind. Unter anderem treten beiläufig auch der Blechtrommler Oskar Matzerath und einige andere Figuren aus dem früheren Roman auf. Das Novellistische wird dabei von Grass so auffällig herausgearbeitet, daß es fast schon wie eine Ironisierung der Novellenform wirkt. Der als Maus bezeichnete Adamsapfel von Mahlke ist keineswegs das einzige durchgehende Leitmotiv. Der am Hals baumelnde Schraubenzieher und das an gleicher Stelle hängende Marienbild haben eine ähnliche Funktion. Vor allem aber gibt das Wrack des polnischen Minensuchers der Novelle von Anfang an eine geradezu strenge Einheit. Zahlreiche andere Realitätspartikel, wie z. B. das Foto von Mahlkes Vater, der als Lokomotivführer bei einem Eisenbahnunglück heldenhaft sein Leben geopfert hat, werden in das komplexe Motivgefüge eingewoben.

Um die Novelle interpretieren zu können, wird man sich zuerst einmal fragen, worauf sie thematisch hinauswill. Ist sie ein Heldenlied auf den bewunderten großen Freund aus der Schulzeit? Wohl kaum; dafür ist die Erzählung in ihrem Grundton viel zu ironisch. Mahlke wird als ein Mensch gezeigt, der seine ganze Stärke daraus zieht, daß er permanent versucht, seine Schwäche zu kompensieren. Er ist ein Außenseiter, vaterlos, ein introvertierter Marienverehrer, der dennoch nicht an Gott glaubt. Sein Adamsapfel stigmati siert ihn. Und sein ganzes Denken und Trachten geht dar auf aus, dies Stigma mit etwas zu verdecken: zuerst mi dem Marienbild, dann mit dem Schraubenzieher und schließlich mit dem Eisernen Kreuz. Gegen das Handicap seines schwächlichen Körpers zwingt er sich zu schwim merischen und turnerischen Höchstleistungen. Aber er tu nichts aus bloßer Imponiersucht. Das gänzliche Fehle von Angeberei wird vom Erzähler ausdrücklich betont Alles, was er tut, hat er wie ein Ritual verinnerlicht, al könnte er sich nur dadurch in der Welt behaupten. De Gipfel erreicht diese verschrobene Innerlichkeit darin, daß er von seinem Panzer aus immer dann, wenn er einen rus sischen Gegner im Visier hatte, die Jungfrau Maria mi jenem Foto erblickte, auf dem sein Vater und dessen Hei zer auf der Lokomotive zu sehen waren. Er brauchte nu zwischen die beiden Personen auf dem Foto zu zielen dann traf er den Panzer genau an der empfindlichste Stelle. Dies ist von makabrer Ironie. Mahlke tritt als Held in die Fußtapfen seines postum mit einer Medaille geehr ten Vaters, und er verdient sich das Eiserne Kreuz, inden er auf die Lokomotive seines Vaters auf dem Foto in de Hand der Marienerscheinung zielt.

Thematisch hat die Novelle durchaus eine Beziehung zu *Blechtrommel*. Dort war der zwergwüchsige Oskar Matze rath der Held, der sich immer wieder mit Jesus verglich Auch dem durch seinen riesigen Adamsapfel gewissermaße verkrüppelten Mahlke wird immer wieder eine Erlöserhal tung zugeschrieben. Es ist sicher kein Zufall, daß die No velle aus dreizehn Teilen besteht. Damit soll offensichtlich auf Jesus und seine zwölf Jünger angespielt werden. Un Mahlkes geheimnisvolles Verschwinden am Schluß ist ein ironische Bezugnahme auf Jesu Himmelfahrt. Die durchge hende religiöse Thematik könnte dazu verführen, noch zahl reiche weitere ironische Anspielungen herauszulesen. Wen Mahlke eine ironisch gebrochene Jesusfigur ist, ist dann de Kapitänleutnant Johannes der Täufer? Spätestens an diesen

Punkt wird deutlich, daß solche eindeutigen Identifizierungen etwas Absurdes an sich haben. Grass wollte keine religiöse Allegorie schreiben. Er hat aber seine Erzählung mit religiösen Akkorden unterlegt, die immer wieder anklingen und der Handlung eine Bedeutung geben, in der sich echte Religiosität und gotteslästerliche Frivolität seltsam vermischen.

Wichtiger als die religiöse Dimension ist in dieser Novelle der zeitgeschichtliche Bezug. Wie Oskar Matzerath in der *Blechtrommel* die Zurückgebliebenheit und Verzwergung des deutschen Kleinbürgers entlarvt, so wird auf ähnliche Weise in Mahlke die realitätsferne Innerlichkeit des Bürgertums ironisiert. Das Abtauchen in das Schiffswrack ist ein sinnfälliges Symbol für einen gesellschaftlichen Eskapismus, der die Wirklichkeit kritiklos hinnimmt und sich statt dessen in ein rein geistiges Wertsystem flüchtet, wie Mahlke es mit seinem Marienkult tut. Sein überdimensionaler Adamsapfel symbolisiert und ironisiert das, was der Begriff ursprünglich meint. Der Apfel vom Baum der Erkenntnis, der Adam angeblich im Halse steckenblieb, ist einerseits Zeichen dafür, daß der Erkenntnisgewinn ausgeblieben ist, und andererseits Erinnerung an die Erbsünde. Der überlegene Mahlke erkennt nichts von der Wirklichkeit um sich herum. Sein ganzes Denken und Trachten ist darauf gerichtet, seine Selbstachtung aufrechtzuerhalten, so als müßte er sich unaufhörlich durch ein ritualisiertes Selbstopfer rechtfertigen. Die Ironie daran ist, daß er gar nicht an Gott glaubt, so daß sein Marienkult zum reinen Götzendienst wird, zur Anbetung einer Schimäre.

Die zeitgeschichtliche Parallele ist leicht zu erkennen. Auch das deutsche Bürgertum bildete sich ein, etwas Geistiges, nämlich die zum Fetisch gemachte deutsche Kultur, gegen Bolschewiken und Untermenschen zu verteidigen, und es wollte nicht einsehen, daß dieses Geistige sich in der Gesellschaft überhaupt nicht materialisiert hatte, so daß ebendiese Gesellschaft zu einem kollektiven Verbrechersyndikat werden konnte. So ist der »Große Mahlke« auf ähnliche Weise repräsentativ für die Verblendung des deutschen Traums wie F. Scott Fitzgeralds Großer Gatsby für die Verblendung des amerikanischen. Mahlkes Berufswunsch war, Clown zu werden. Der Clown hatte für viele deutsche Intellektuelle eine eigenartige Faszination. Hofmannsthal hat in seiner Komödie *Der Schwierige* eine Utopie gesellschaftlicher Grazie entworfen, als deren Musterbeispiel er einen Clown beschreibt. Es ist die gleiche Unschuld und Grazie, die Kleist in seinem berühmten Aufsatz *Über das Marionettentheater* der Marionette zuschreibt. Wenige Denkfiguren werden in Deutschland so oft zitiert wie dieses Marionettengleichnis. Auch Mahlke ist wie eine Marionette. Wenn er am Reck seine grotesken Kniewellen dreht, dann ist das die ironische Entlarvung der Sehnsucht nach jener marionettenhaften Grazie, von der Kleist schreibt. Mahlke ist das genaue Gegenteil von Grazie. Aber er versucht unentwegt, durch die Ritualisierung seines Lebens in den utopischen Zustand der Unschuld zurückzugelangen. Das aber kann ihm nur durch die völlige Verdrängung jenes gigantischen Verbrechens gelingen, an dem er als Panzerkommandant beteiligt ist. (Der Clown war auch in der *Blechtrommel* ein zentrales Thema.)

In *Katz und Maus* ist es Günter Grass gelungen, die Perversion der Werte unter dem Regime des Nationalsozialismus in formelhafter Verdichtung darzustellen, ohne auch nur ein einziges Mal die Greuel der Nazis direkt zu nennen. Eine ähnliche Verdichtung war ihm schon in der Figur des Oskar Matzerath in der *Blechtrommel* gelungen. Dort aber bediente er sich der epischen Breite des Romans, weshalb Oskar in erster Linie als grotesk überzeichnete Satire neben vielen anderen satirischen Elementen erscheint. In *Katz und Maus* dagegen gestattet ihm die Novellenform die Verdichtung auf ein einziges Zentrum. Alle wesentlichen Elemente der gewählten Form kommen zur Geltung. Da ist zunächst einmal der außerhalb des Erzählten stehende Erzähler. Das mag sonderbar klingen, da doch Pilenz an allem beteiligt war. Aber er sieht seinen Helden ganz novellistisch als etwas Unbegreifliches, Fremdes und versucht dies Unbegreifliche aus der Erinnerung zurückzuholen, um es zu verstehen. Damit hat die Geschichte von Anfang an das für die Novelle unerläßliche Außergewöhnliche. Sie hat darüber hinaus auch jenes Wesensmerkmal, das wir als »Wahrheitszentrum außerhalb des Erzählten« bezeichneten. Mahlkes Leben wird von einer transzendenten Norm bestimmt, die er sich selbst gegeben hat. Diese Norm ist das Geheimnis, dem der Erzähler bei aller Ironie und Schnoddrigkeit nachzuspüren versucht. Er kreist es immer mehr ein, läßt immer mehr davon der Lächerlichkeit anheimfallen, und ganz zuletzt, als Mahlke möglicherweise wegen des Genusses von zuviel Stachelbeeren in dem Schiffsrumpf ertrinkt, scheint der Held fast in die Banalität zurückgeholt zu sein. Die Öffnung aber, durch die er in den Schiffsrumpf getaucht ist, war die ganze Erzählung hindurch das Zeichen jener geheimnisvollen Transzendenz, die durch Abwesenheit anwesend zu sein schien. Vielleicht ist hinter diesem Loch nichts weiter als Leere, das Nichts. Aber dieses Loch öffnet die wahre Wirklichkeit der Erzählung zu einer Sphäre der wirklichen Wahrheit hin, selbst wenn es diese Wahrheit gar nicht geben sollte.

Grass liebt es, seine schnell aufschäumenden Erzählstoffe dadurch zu kontrollieren, daß er ein dichtes Gewebe von Leitmotiven einzieht. Von einem »Falken« kann man in *Katz und Maus* kaum sprechen, allenfalls von einem ganzen Falkenschwarm. Mahlkes Adamsapfel, sein Schraubenzieher, das Schiffswrack, die Marienbilder an seinem Hals und an der Wand seines Zimmers und das Foto seines Vaters bilden ein dichtgewirktes Netz wiederkehrender Motive. Sie alle verweisen auf ein Wahrheitszentrum außerhalb des Erzählten, das symbolisch durch den Adamsapfel repräsentiert wird:

> Nur ihretwegen [der Jungfrau Maria] hat er alles, was sich am Hals tragen und zeigen ließ, in die Marienkapelle geschleppt. Alles, vom Tauchen bis zu den späteren, mehr militärischen Leistungen, hat er für sie getan oder aber – schon muß ich mir widersprechen – um von seinem Adamsapfel abzulenken. (S. 36)

Und an anderer Stelle heißt es:

> [. . .] er hatte mal dieses mal jenes am Hals hängen, um
> die ewige Katze von der ewigen Maus abzulenken.

(S. 22)

Der Adamsapfel ist wie das Zeichen einer metaphysischen
Schuld, die Mahlke zu einer permanenten Selbstrechtferti-
gung zwingt. Sieht man die Novelle allerdings gegen den
Hintergrund der übrigen Werke von Grass, so drängt sich
noch eine andere Deutung auf. Durch die Hauptwerke dieses
Autors zieht sich eine geradezu obsessive Beschäftigung mit
dem Weiblichen als einem Weltprinzip. Immer wieder hat
Grass Frauenfiguren von mythischer Allgemeinheit geschaf-
fen, Erdmuttergestalten, die wie Fruchtbarkeitsgöttinnen als
Nährmütter der Menschheit auftreten. Im Kontext der
Grass'schen Bilderwelt gewinnt dann auch das Loch in dem
Minensucher eine erotisch-mythische Bedeutung. Es ist der
Eingang in den ewigen Uterus, der die letzte, tiefste Befriedigung verheißt, von der die männliche Menschheit seit Jahr-
tausenden träumt. Über dieses erotisierte Bild erhält dann
auch das Paradies, auf das der Adamsapfel Bezug nimmt, den
Charakter des mythischen Mutterleibs, aus dem die Menschheit ausgetrieben wurde; und man beginnt hinter der realistischen Bildschicht den Kosmos von archetypischen Bildern
und uralten Träumen der Menschheit zu ahnen, der durch
alle Werke von Grass hindurchscheint. Obgleich diese
Schicht immer zugleich auch ironisch in Frage gestellt und
nie eindeutig als Wahrheit verkündet wird, stellt sie doch in
geradezu beispielhafter Weise das dar, was wir als ein Wahrheitszentrum außerhalb des Erzählten bezeichnet haben.

Leitfaden zur Interpretation einer Kurzgeschichte

Wenn ein Prosatext, der ein singuläres Geschehen erzählt,
nicht mehr als 15 000 Wörter (= ca. 30 Druckseiten) umfaßt,
kann es sich um eine *Novelle, Erzählung, Sage, Legende,*

Anekdote, um ein *Märchen*, eine *parabolische Geschichte*, oder um eine *Kurzgeschichte* handeln. Letztere läßt sich durch die folgenden Tests »heraussieben«. (In Zweifelsfällen sollte man die Umfangsobergrenze auf das Doppelte erhöhen.)

Erstes Sieb: *Will die Geschichte als realistisches Bild von Wirklichkeit gelesen werden?*

Ist die Antwort Ja, kann es kein *Märchen* und keine *Parabel* bzw. parabolische Geschichte sein.

Zweites Sieb: *Will sie als fingierte, d. h. erfundene Wirklichkeit gelesen werden?*

Ist auch hier die Antwort Ja, kann es weder eine *Sage* noch eine *Legende*, noch eine *Anekdote* sein.

Drittes Sieb: *Will die Geschichte auf die »wahre Wirklichkeit« hinaus? Liegt ihr Wahrheitszentrum im Erzählten?*

Ist die Antwort auch in diesem Fall Ja, wird es keine *Novelle* sein.

Viertes Sieb: *Wird die Geschichte aus kurzer Erzähldistanz nichtauktorial erzählt?*

Ist die Antwort wiederum Ja, wird es keine *Erzählung* sein. Eine hohe Wahrscheinlichkeit spricht jetzt dafür, daß es eine *Kurzgeschichte* ist.

Fünftes Sieb: *Ereignis- oder Situationsgeschichte?*

Wird die Geschichte auf einen Handlungshöhepunkt hin pointiert, haben wir es mit einer Ereignisgeschichte zu tun. Wird sie bei wenig Handlung horizontal auf einen Fokus hin verdichtet, ist es eine Situationsgeschichte.

Fahrplan für die Interpretation der Ereignisgeschichte

1. *Wie ist die Geschichte zentriert?*

Ding?   Ort?   Person?   Fall?   Ereignis?

2. *Liegt eine der standardisierten Formen vor?*

Novellistische Kurzgeschichte	Yarn
Fallgeschichte	Realistische Kurzgeschichte
Tall tale	Surprise-ending story

3. *Der verräterische erste Satz*

Dem ersten Satz ist zu entnehmen, wer die Geschichte erzählt, welche Distanz der Erzähler zum Erzählten hält und welche Erzählhaltung er einnimmt. Damit ist bereits Wesentliches für den Fortgang der Geschichte festgelegt.

4. *Wo liegt der Höhepunkt (= Pointe) und wie wird dieser vorbereitet und aufgelöst?*

Skizze des Handlungsverlaufs anfertigen!

5. *Wie sieht die Grundstruktur aus?*

Skizze des Erzählverlaufs und seiner Gliederung anfertigen! Nach einem möglichen Drei-Schritt-Schema suchen!

6. *Was ist das Thema?*

Da die Kurzgeschichte weniger Raum zur Entfaltung eines Themas hat als die Novelle, kann bei ihr das Thema in einer bloßen Andeutung bestehen, etwa in einem Konflikt, dessen eigentliches Problem erst vom Leser freigelegt werden muß.

7. *Das Verhältnis von Zentrierungspunkt und Thema*

Symbolische Verweisung? Psychologische Erfahrung? Allgemeines Problem? Oder bloßes Spannungsmittel?

8. Welche sonstigen Kunstmittel weist die Geschichte auf?

In Frage kommen u. a.: Dialogführung, Charakterisierung durch Dialekt und Soziolekt, Namensgebung, symmetrische Struktur, Überraschung des Lesers durch eine Doppelpointe oder ähnliches, Anspielungen, gleichnishafte Analogien.

Fahrplan für die Interpretation der Situationsgeschichte

1. Wo liegt der Fokus?

Der Fokus ist nicht ganz so leicht zu erkennen wie die Pointe einer Ereignisgeschichte. Dennoch dürfte der Leser kaum Schwierigkeiten haben, die dichteste Stelle der Geschichte aufzufinden. Auch wenn in Situationsgeschichten wenig oder gar keine Handlung stattfindet, stellt sich ihr Fokus meist als ein Wendepunkt dar, der entweder den Punkt der bittersten Enttäuschung, der Kulmination einer Krise, des tiefsten Durchblicks oder des Durchbruchs zu höherer Reife markiert. Auch das Ausbleiben einer erwarteten Wendung kann zum Fokus werden.

2. Welcher Typus von Fokussierung liegt vor?

Deflation?   Epiphanie?   Krise?   Initiation?

Daneben gibt es noch andere mögliche Formen, die aber weniger charakteristisch ausgeprägt sind.

3. Der verräterische erste Satz

Dieser schlägt nicht nur den Grundton an, sondern legt Perspektive, Blickwinkel und Stilhaltung fest. Außerdem entspricht der Grad der Offenheit des Anfangs weitgehend dem Grad des Situationshaften, so daß gewöhnlich schon am ersten Satz abzulesen ist, in welchem Maße die Situation gegenüber dem Ereignishaften im Vordergrund steht.

4. Was ist die Situation?

Oft sind es stereotype Situationen: Beziehungskrisen, zufällige Begegnungen, gemeinsame Unternehmungen u. ä.

5. Wie sieht die Grundstruktur aus?

Um einen anschaulichen Überblick zu gewinnen, empfiehl es sich, eine Skizze anzufertigen. (Drei-Schritt-Schema!)

6. Was ist das Thema?

Da es sich um eine menschliche Situation handelt, wird darin immer eine spezifisch menschliche Erfahrung zum Ausdruck kommen. Dies kann ein Erlebnis der Einsicht oder der Enttäuschung, der Bewährung oder des Versagens sein. Immer wird dabei etwas Problematisches im Spiel sein, ein moralisches Dilemma oder eine existentielle Grundbefindlichkeit Für die Interpretation ist es wichtig herauszufinden, auf welchen Aspekt die Geschichte die Aufmerksamkeit des Lesers lenkt.

7. Wie wird das Thema dichterisch umgesetzt?

Die moderne Situationsgeschichte ist *die* epische Form, die in ihren Darstellungs- und Ausdrucksmitteln der Lyrik am nächsten kommt. Sie kann wie diese mit klanglichen Mitteln z. B. Lautmalerei, mit Signalwörtern, bedeutsamen Bildern und Rhythmisierungen des Erzählflusses, mit sprachlichen Verdichtungen und Verknappungen arbeiten, so daß der Interpret gut daran tut, jedes einzelne Wort auf die Goldwaage zu legen. Wer sich zu Übungszwecken an Meisterwerken dieser Kunst versuchen will, sollte sich Geschichten von James Joyce und Katherine Mansfield vornehmen, deren ganze Kunst allerdings erst offenbar wird, wenn man die englischen Originalfassungen liest.

Besondere Kunstmittel?

as Auffällige wird man ohnehin bemerken. Deshalb sollte
an vor allem auf die subtileren Kunstmittel achten, wie
nspielungen, symbolische Vertiefungen, ironische Bre-
ungen, absichtsvolle Lücken, Wiederholungen von Bildern
nd Motiven, bedeutungsvolle Namensgebung usw.

as A und O jeder Interpretation

    Man versuche, das Werk in seiner historisch gegebenen
    Individualität kognitiv zu verstehen,
    und
    man erweise ihm danach die Ehre, es ästhetisch wirken
    zu lassen und die Wirkung kritisch zu würdigen.

sthetischer Genuß ohne Verstehen ist dumpf; Verstehen
ne ästhetischen Genuß ist stumpf. Schiller hätte den nai-
en Leser, der ohne zu verstehen nur genießen will, als Wil-
en bezeichnet und den gelehrten Leser, der über dem Ver-
ehen das Genießen vergißt, als Barbaren.

Von der Novelle zur Kurzgeschichte
Edgar Allan Poe: Der Goldkäfer *(1843)*

ls am 5. April 1843 die neu gegründete amerikanische Zeit-
hrift *Dollar Newspaper* einen Kurzgeschichtenwettbewerb
usschrieb, zog Edgar Allan Poe die schon einer anderen Zei-
ng für 50 Dollar zugesagte Geschichte *Der Goldkäfer*
urück und reichte sie zum Wettbewerb ein. Sie gewann
icht nur den ersten Preis von 100 Dollar, sondern bescherte
oe auch den größten literarischen Erfolg, der ihm zu Leb-
eiten beschieden war. Nach seiner eigenen Aussage sollen
ereits ein Jahr später 300 000 Exemplare seiner Erzählung
Umlauf gewesen sein, was ihm leider nichts nützte, da er

für die Nachdrucke keine Tantiemen erhielt. Die Publik
tionsgeschichte dieser wohl meistgelesenen Kurzgeschich
von Poe ist für die neue Form ebenso charakteristisch w
ihre Merkmale als Short story. Der Inhalt der Geschich
dürfte den meisten Lesern vertraut sein:

Der Ich-Erzähler besucht seinen alten Freund Willia
Legrand, der vor der Küste von Charleston auf einer eins
men Insel lebt und dort Naturstudien treibt. Legrand beric
tet ihm von einem geheimnisvollen Käfer, einem Skarabäu
den er auf der Insel gefunden hat. Da der Käfer von ih
gerade an einen anderen Bekannten verliehen worden i
versucht er seinem Freund das Insekt durch eine Bleistif
skizze darzustellen. Der Ich-Erzähler sieht aber auf de
Papier keinen Käfer, sondern nur einen Totenkopf. En
täuscht über seine mangelnde zeichnerische Fähigkeit w
Legrand das Papier ins Feuer werfen, als er plötzlich ebe
falls den Totenkopf erkennt, den er gar nicht gezeichnet ha
Durch die Hitze des nahen Feuers war auf der Rückseite d
Papiers eine Geheimschrift sichtbar geworden, zu der au
die Totenkopfskizze gehört. Dies alles erfährt der Leser ab
erst sehr viel später. Vier Wochen nach seinem Besuch b
Legrand erhält der Erzähler von diesem einen Brief mit d
dringenden Bitte um einen erneuten Besuch. Gleich nach se
ner Ankunft nehmen Legrand und dessen schwarzer Dien
Jupiter ihn auf eine geheimnisvolle Expedition mit. Na
einem, wie es scheint, magischen Ritual wird im wildest
Teil der Insel nach einem uralten Tulpenbaum gesucht. A
sie diesen endlich gefunden haben, sehen sie an einem d
Äste einen angenagelten Totenschädel. Legrand läßt an ein
Schnur durch eine Augenhöhle des Schädels den Goldkäf
als Lot fallen, zieht durch den Berührungspunkt auf der Er
eine geheimnisvolle Linie, läßt an einer bestimmten Stel
graben, und als man nichts findet, wiederholt er die gleich
Prozedur, indem er den Käfer durch die andere Augenhöh
des Schädels fallen läßt. Diesmal finden sie einen vergrab
nen Seeräuberschatz im Schätzwert von anderthalb Milli
nen Dollar.

Dies ist der linear-progressive Teil des erzählten Geschehens.
Es gleicht dem einer typischen populärromantischen Novelle. Die Geschichte beginnt mit einer klassischen Exposition, in der der Ort des Geschehens und die drei beteiligten
Personen, Legrand, der Erzähler und der schwarze Diener,
vorgestellt werden. In diese Ausgangssituation fällt als »erregendes Moment« das geheimnisvolle Zeichen auf dem Zettel.
An diesem Punkt aber täuscht Poe den Leser, indem er ihm
jede weitere Information über den Zettel vorenthält. Der auf
eine romantische Novelle vorbereitete Leser erwartet natürlich, daß es mit dem Goldkäfer eine geheimnisvolle Be-
wandtnis hat und daß er als Wink des Schicksals für ein
Wahrheitszentrum außerhalb des Erzählten steht, etwa in
dem Sinne, daß der Fluch einer bösen Tat ans Licht drängt
oder die Sühneforderung eines früheren Verbrechens sich
selbst einen Weg bahnt. Man könnte auch daran denken, daß
der Nachkomme eines von den Piraten beraubten Kauf-
manns durch einen Wink des Schicksals wieder in den Besitz
seines rechtmäßigen Erbes kommt. Solche oder ähnliche
Abläufe wären in einer romantischen Novelle zu erwarten
gewesen, wobei das dramatische Geschehen innerhalb der
Geschichte einen sinnstiftenden Zielpunkt außerhalb dersel-
ben hat, auf das Zentralsymbol der Novelle verweist.
Der Goldkäfer müßte dann der symbolträchtige »Falke«
sein, der die Geschichte mit der universalen Wahrheitssphäre
verbindet – eine Verbindung, für die der geheimnisvolle Zettel die rational befriedigende Erklärung bieten würde.
So ungefähr müßte die Geschichte ablaufen, wenn sie eine
romantische Novelle wäre. Nach der Exposition und dem
Eintritt des »erregenden Moments« scheint sie auch in der
Tat den dramatischen Verlauf zu nehmen, der für die Novelle
typisch ist und der sich deshalb in den allermeisten Novellen
mit den von Gustav Freytag für das Drama geprägten Begrif-
fen beschreiben läßt. Nachdem das »erregende Moment« die
Neugier des Lesers geweckt hat, folgt zunächst mit der
geheimnisvollen Expedition zu dem Tulpenbaum eine steigende Handlung, die einen Höhepunkt erwarten läßt. Ganz

entsprechend dem Freytagschen Schema wird dieser Höhepunkt durch das »retardierende Moment« des ersten Fehlversuchs noch etwas hinausgezögert. Dann aber tritt er mit der Entdeckung des Schatzes ein, und der Leser erwartet nur als Dénouement (= fallende Handlung) die Aufklärung des Geheimnisses, wie der Goldkäfer zur Entdeckung hatte führen können. Doch an dieser Stelle bricht Poe den Novellenverlauf plötzlich ab und beginnt die eigentliche Geschichte zu erzählen, die nun in der Tat eine Kurzgeschichte wird. Mit einem Federstrich beseitigt er das ganze romantische Erzählgespinst und läßt die Geschichte gleichsam von vorn beginnen. Damit verwandelt sich der scheinbare Höhepunkt der erwarteten linear voranschreitenden Ereignisnovelle in den Ausgangspunkt einer neuen Geschichte, die nun als Fallgeschichte oder, in Poes Worten, als *tale of ratiocination* erzählt wird. Der Leser erfährt, daß der Goldkäfer gar nicht der geheimnisvolle Falke war, der zur Aufklärung eines Geheimnisses geführt hat. Er hatte im Gegenteil mit diesem überhaupt nichts zu tun. Er war nur der zufällige Anlaß für die Entdeckung der Geheimschrift auf dem Zettel. Daß er als Lot durch die Augenhöhle des Totenschädels fallen muß, is bloße Geheimnistuerei Legrands. Er hätte dafür auch einen beliebigen Stein nehmen können. Damit ist als erstes die Falkenfunktion des Käfers zerstört. Als nächstes wird die Vermutung einer Schicksalsfunktion des Zettels enttäuscht. Dieser ist zwar ein Zeichen aus einem zurückliegenden Geschehen, das aber für die Erzählung überhaupt keine Rolle spielt. Entscheidend ist allein die mit detektivischem Scharfsinn durchgeführte Entzifferung der Geheimschrift, also die *ratiocination*. Mit kalter Logik schließt Legrand aus der unterschiedlichen Häufigkeit der einzelnen Zeichen, daß diese den mit ähnlicher Häufigkeit auftretenden Buchstaben in der englischen Sprache entsprechen müßten. So dekodiert er die Information des Zettels und übersetzt deren Anweisungen anschließend in ein ausgeklügeltes Verfahren zum Auffinden des Schatzes. Der ganze romantische Kontext ist damit rückblickend teils ein von Legrand inszeniertes Theaer, teils ein zufälliger materieller Anlaß für die *ratiocination*, während diese selbst zum eigentlichen Inhalt der Geschichte wird.

In dieser Umpolung der vom Leser zunächst erwarteten Novelle in eine Kurzgeschichte zeigen sich die spezifischen Merkmale der beiden Formen klar und deutlich. In einer Novelle hätte es eine sittliche oder erkenntnistheoretische Wahrheitssphäre außerhalb der Erzählung gegeben, deren Wirken in der Erzählung aufgezeigt worden wäre. In Poes Geschichte entpuppt sich das, was der Leser zunächst als eine solche Wahrheitssphäre erwartet hatte, als bloßes Spielmaterial des Autors, dessen einziges Ziel es war, in einer verwirrend unklaren Wirklichkeit mit Hilfe der *ratiocination* die wahre Wirklichkeit zu ermitteln. Genau dies aber gehört seitdem zum Programm der Kurzgeschichte. Es wäre ungerecht gegenüber anderen Autoren, wenn man den Beginn der Kurzgeschichte mit Poe oder womöglich mit dem *Goldkäfer* datieren würde. Doch markiert diese Erzählung wie keine andere die Wasserscheide, die die romantisch geprägte Novelle von der realistisch ausgerichteten Kurzgeschichte trennt.

Poe erreicht die vollständige Umpolung seiner scheinbar als Novelle angelegten Erzählung in eine Kurzgeschichte durch einen dreifachen Kunstgriff. Erstens wechselt er den Ich-Erzähler gegen einen personalen Erzähler aus, der aus viel kürzerer Distanz, wenngleich ebenfalls in der Ich-Form, die Kurzgeschichte erzählt. Zweitens macht er aus dem progressiven Handlungsverlauf einen regressiven, bei dem etwas schon Geschehenes aufgeklärt wird. Und drittens läßt er den Zettel als das objektive Dokument des Falls an die Stelle des vermeintlichen Falken treten. Auch das typische Dreischritt-Schema ist klar zu erkennen. Man kann hier die Kurzgeschichte gleichsam in statu nascendi sehen. Dabei wird zugleich erkennbar, wie sich das Wahrheitszentrum, das anfangs außerhalb der Geschichte in einer romantischen Sphäre des Numinosen zu liegen schien, schlagartig ins Innere der fingierten Realität verlagert und deren eigent-

lichen Kern ausmacht. An diesem Beispiel müßte noch ein
mal hinreichend deutlich geworden sein, was gemeint ist
wenn wir von einem Übergang von der wirklichen Wahrhei
in der Novelle zur wahren Wirklichkeit in der Kurzge
schichte sprechen.

Die folgende Skizze soll das Gesagte noch einmal zusam
menfassend veranschaulichen:

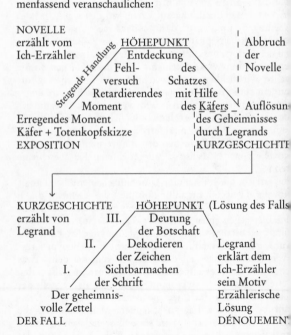

NOVELLE
erzählt vom   Steigende Handlung   HÖHEPUNKT   Abbruch
Ich-Erzähler   Entdeckung   der
                                      Fehl-   des   Novelle
                                      versuch   Schatzes
                          Retardierendes   mit Hilfe
                          Moment   des Käfers   Auflösun
Erregendes Moment   des Geheimnisses
Käfer + Totenkopfskizze   durch Legrands
EXPOSITION   KURZGESCHICHTE

KURZGESCHICHTE   HÖHEPUNKT (Lösung des Falls
erzählt von   III.   Deutung
Legrand   der Botschaft
               II.   Dekodieren   Legrand
                        der Zeichen   erklärt dem
        I.   Sichtbarmachen   Ich-Erzähler
                    der Schrift   sein Motiv
        Der geheimnis-   Erzählerische
        volle Zettel   Lösung
DER FALL   DÉNOUEMEN

as Bemerkenswerte an Poe ist, daß er die realistische Form
er Kurzgeschichte aus einer noch durch und durch romanti-
hen Stiltradition heraus entwickelte. Seine Geschichten des
hreckens und Grauens zeigen deutlich ihre Abkunft von
en romantischen Schauerromanen, die in England *gothic
ovels* heißen und dort in der Zeit der Romantik große
opularität genossen. Auch als Lyriker war Poe ein später
omantiker. Aber er lebte und schrieb in einer Zeit, in der
er realistische Roman längst die Führungsrolle übernom-
en hatte. Der Dichter als gottähnlicher Schöpfer, wie die
omantik ihn sah, war dem Schriftsteller gewichen, der die
ahre Wirklichkeit widerspiegeln wollte. Poe, dem Wesen
ach ein Romantiker, nahm den Fehdehandschuh der neuen
poche auf, indem er die aufklärende Rationalität des neuen
ealismus mitten in das Szenario des romantischen Irratio-
alismus verpflanzte. In seinen Geschichten tritt das Über-
atürliche in unwahrscheinlichster Form in Erscheinung.
och er präsentiert es mit äußerster analytischer Schärfe, so
aß der Leser bei Geschichten wie *Die schwarze Katze, Das
endel und die Grube* oder *Das verräterische Herz* den Ein-
uck hat, nicht in die Phantasiewelt eines Romantikers zu
hauen, sondern mit den Augen eines Psychoanalytikers in
ne Schlangengrube des Unbewußten, die seit Freud zu
ner der ergiebigsten Quellen von Erzählstoff geworden ist.
ies ist der Grund, weshalb Poe auch heute noch als modern
mpfunden wird.

Zwischen Novelle und Kurzgeschichte
Friedrich Hebbel: Die Kuh *(1849)*

n Jahre 1949 gab Wolfgang Weyrauch unter dem Titel *Tau-
nd Gramm. Sammlung neuer deutscher Geschichten* eine
nthologie heraus, die seitdem immer wieder als bedeutende
estandsaufnahme der deutschen Kurzgeschichte zitiert
ird. Weyrauch gab ihr nicht nur ein in gewissem Sinne pro-
ammatisches Nachwort mit, er stellte ihr außerdem fünf

»Modellgeschichten« voran, von denen die erste Friedri[c]
Hebbels *Kuh* ist. Diese Geschichte wird seitdem in fast all[e]
literaturwissenschaftlichen Büchern zur deutschen Kurzg[e]
schichte erwähnt und meist sogar ausführlich besproche[n]
Hier zunächst eine Inhaltsangabe: Ein Bauer hat jahrelar[g]
das Geld zusammengespart, um sich eine Kuh zu kaufe[n]
Seine Frau ist gerade unterwegs zum Müller, der eine K[u]
verkaufen will; und der Bauer erwartet sie, den Müller ur[d]
die Kuh vom Fenster aus. Um im Halbdunkel des hereinbr[e]
chenden Abends besser sehen zu können, zündet er d[as]
Papier an, in das er die gesparten Talerscheine eingewicke[lt]
hatte, und leuchtet mit dieser kleinen Fackel zum Fenst[er]
hinaus. Währenddessen vergnügt sich sein kleines Kind hi[n]
ter seinem Rücken damit, die Talerscheine nacheinand[er]
ebenfalls anzuzünden. Der Bauer merkt dies erst, als d[er]
letzte Schein gerade verbrennt. Aus Wut und Verzweiflu[ng]
erschlägt er das Kind und erhängt sich anschließend auf de[m]
Dachboden. Da kommt die Frau mit dem Müller und d[er]
Kuh. Sie finden das erschlagene Kind, worauf die Mutt[er]
ohnmächtig zusammenbricht. Der Müller steigt auf d[en]
Dachboden. Dort fällt ihm die Leiche des Bauern entgege[n]
er stürzt von der Leiter und ist tot. Die Kerze, die er [in]
der Hand hielt, setzt das Haus in Brand, und alle komm[en]
im Feuer um, einschließlich der Kuh, welche, »dem di[e]
sen armen Tieren angeborenen unseligen Trieb folgend, i[ns]
Feuer hineingelaufen und mit verbrannt ist«.
Man könnte ohne großes Risiko eine hohe Wette darauf ei[n]
gehen, daß diese Geschichte bei keinem amerikanischen Ve[r]
leger oder Zeitschriftenredakteur Gnade gefunden hätte. A[n]
ihr ist fast alles falsch, was ein Kurzgeschichtenschreib[er]
überhaupt falsch machen kann. Es beginnt schon beim erst[en]
Satz, der in diesem Fall wieder einmal zeigt, wie »verrät[e]
risch« er sein kann.

In seiner Wohnstube, die sehr niedrig und auch etw[as]
räucherig war, weil es dem Hause nach dem herkömml[i]
chen Brauch des Dorfs am Schornstein fehlte, saß d[er]

Bauer Andreas an dem noch vom Großvater herstam-
menden alten eichenen Tisch und überzählte vielleicht
zum neunten Male ein kleines Häuflein Talerscheine.
(S. 99)

Dieser Satz enthält in der Tat den bestimmten Artikel, den
wir als ein Indiz für die Kurzgeschichte genannt hatten. In
der Stube sitzt nicht »ein Bauer«, sondern »der Bauer
Andreas«. Zuvor aber wird aus auktorialer Sicht in typisch
novellistischer Manier der Schauplatz beschrieben. Bei einer
Geschichte, die mit so großer Erzähldistanz eröffnet wird,
wird der erfahrene Leser niemals eine Kurzgeschichte erwarten, sondern eine Novelle oder eine moralisierende Kalendergeschichte. Nach der Eröffnung fügt Hebbel erst einmal
in der Form eines Selbstgesprächs eine Sequenz von Erinnerungen des Bauern ein, durch die man erfährt, wie er sich
jeden einzelnen Taler mühselig verdient hat. Hier kommt er
der Form der Kurzgeschichte sehr nahe; denn bei jedem
Geldschein, den er auf den Tisch zählt, fällt ihm die
Geschichte ein, wie er ihn erworben hat. Dies scheint tatsächlich auf die wahre Wirklichkeit hinzuzielen. Allerdings
gibt es zwischen den Fetzen des Selbstgesprächs kommentie-
rende Einsprengsel, die den auktorialen Erzähler spüren lassen. So heißt es z. B.:

Das Kind nickte, als ob es verstände, was es doch noch
nicht verstehen konnte. (S. 100)

Dies kann nur der Erzähler so sehen, nicht der Bauer in der
Geschichte. Der ganze Schlußteil der Geschichte stellt sich
danach eindeutig aus der Sicht eines von außen beobachten-
den Erzählers dar. Legt man das am Anfang unseres Buchs
erörterte Kriterium des immanenten Wahrheitszentrums an,
so wird man vollends merken, daß dies keine Kurzgeschichte
ist. Hier wird nicht ein Stück Wirklichkeit so aufgeschlossen,
daß sich darin deren Wahrheit offenbart; vielmehr konstruiert der Erzähler aus Elementen einer fingierten Wirklichkeit
eine aufs äußerste verdichtete Ereignisfolge, die das Walten

111

einer blinden Zufallsmacht demonstrieren soll. Die Authentizität der Geschichte wird also nicht durch die dargestellte Wirklichkeit, sondern durch die Weltsicht eines außenstehenden Erzählers verbürgt.

Da die Geschichte ein sensationelles Ereignis zum Gegenstand hat, mußte sie notwendigerweise als Plot story konstruiert werden. Ihr Aufbau würde aber von den Meistern der Plot story – wie Poe, O. Henry oder Maupassant – als völlig fehlerhaft beurteilt werden. Hebbel läßt die schlimmste Katastrophe, nämlich die Tötung des Kindes, zuerst eintreten, während die nachfolgenden schwächeren wie bei einem Dammbruch hinterherstürzen, wodurch die erste nicht etwa verstärkt, sondern in ihrer Wirkung geschwächt wird. Eine wirkungsvolle Plot story baut ihre Spannung in Stufen auf; Hebbel aber läßt das ganze Spannungsgefälle nach der ersten Katastrophe kaskadenartig abwärts fallen. Darin mag sich durchaus eine berechtigte Verachtung für den konstruierten Spannungsaufbau der populären Sensationsliteratur ausdrücken. Aber wer einen solchen Stoff wählt, kann gar nicht verhindern, daß der Leser die darin angelegte Erregungskurve nach jenem universalen Schema nachvollzieht, das Aristoteles zuerst in der Tragödie aufgezeigt hat, das aber in analoger Form allen in der Dimension der Zeit wirkenden Künsten zu Grunde liegt: das Aufbauen und Lösen einer Spannung. Hebbels Geschichte mutet geradezu wie das Kondensat einer Tragödie an. Gerade deshalb wirkt die Abfolge der Katastrophen darin so ungeschickt. Der Schritt vom Verbrennen des Geldes bis zum Erschlagen des Kindes ist so kurz, daß im Leser gar nicht genug tragischer Phobos (= Schrecken) aufkommen kann, der dann durch Eleos (= Jammer) abgebaut werden muß. Die Geschichte hat schon dadurch einen Teil ihrer Wirkungsmöglichkeiten verschenkt. Mehr noch, die Lawine von Katastrophen hat geradezu etwas Makaber-Komisches. Spätestens bei dem gravitätischen Satz, mit dem das Verbrennen der Kuh erzählt wird, kippt die Geschichte vollends vom Tragischen ins Absurde.

Hätte Hebbel aus dem Stoff eine Novelle machen wollen, dann hätte er auf die kurzgeschichtenhafte Bewußtseinsdarstellung verzichten und die unerhörte Begebenheit für sich selber sprechen lassen müssen. Offenbar hat er aber die Novellenform ganz bewußt nicht gewählt, um den psychologischen Realismus voll zur Wirkung zu bringen. Dazu aber hätte er die Authentizität des Geschehens ins Innere der Geschichte verlagern und sie entweder als Ich-Erzählung aus der Sicht eines Beteiligten oder als Augenzeugenbericht erzählen müssen. Daß er im Verlauf der Geschichte mehrfach den Versuch macht, eine solche Innensicht zu etablieren, ist offensichtlich. Aber ebenso deutlich merkt man, daß er sich in einem ihm gänzlich fremden Medium bewegt. Dabei verstößt er gegen Regeln, die zu den Vorschulkenntnissen jedes amerikanischen Kurzgeschichtenschreibers gehören. So schreibt er am Schluß:

> Ob Geesche [die Frau des Bauern], als dies alles geschah, aus ihrer Bewußtlosigkeit noch nicht wieder erwacht und willenlos in der aufs schnellste von Rauch und Qualm gefüllten Stube erstickt war, oder ob sie aus Verzweiflung über das fürchterliche Ende ihres Kindes verschmäht hatte, sich zu retten, hat sich nicht ermitteln lassen. (S. 103)

Hier tut der Erzähler so, als sei die wahre Wirklichkeit des Geschehens durch Zeugen oder Indizien verbürgt und nur dieser letzte Rest noch ungewiß. Dabei ist die ganze vorausgegangene Geschichte etwas, von dem niemand auch nur das Geringste wissen konnte. Woher sollte denn irgendwer wissen, weshalb der Bauer sein Kind erschlagen hatte, ja daß er es überhaupt getan hat? Die Geschichte endet mit der Feststellung, daß von jedem Beteiligten »nur ein verschrumpftes Gerippe« übrig geblieben sei. Aus einem so gelagerten Fall hätte ein auktorialer Erzähler eine durchaus stimmige Novelle machen können, aber der Stoff läßt sich unmöglich zu einer echten Kurzgeschichte ausformen, jedenfalls nicht zu einer realistischen. Allenfalls E. A. Poe hätte es vielleicht

geschafft, das »verschrumpfte Gerippe« des Bauern noc
einmal zum Sprechen zu bringen. Dann wäre daraus ein
zwar völlig unrealistische, aber die Gesetze der Form erfü
lende echte Kurzgeschichte geworden.

Hebbel hat in dieser Geschichte versucht, um einer stärkere
Realistik willen die dramatische Konstruktion der Novel
aufzugeben und eine Erzählung von jener unmittelbaren D
rektheit zu erreichen, wie sie für die amerikanische Kurzg
schichte charakteristisch ist. Aber als Dramatiker und als Zei
genosse der großen deutschen Novellenschreiber stand er vi
zu sehr im Bann ihrer Tradition, als daß er zu dieser neue
Form von erzählender Prosa hätte vorstoßen können. Wäh
rend Poe im *Goldkäfer* die Novelle kunstvoll umpolte un
in eine Kurzgeschichte verwandelte, genügt Hebbels G
schichte keiner der beiden Formen, weil sie nach beiden Seite
hin mißglückt ist. Daran ändern auch die bemühten Versuch
der deutschen Literaturkritik nichts, die für ihn den Ruh
eines frühen Kurzgeschichtenautors etablieren wollen.

Tall tale und Yarn
Mark Twain: Der berühmte Springfrosch
der Provinz Calaveras *(1865)*

Diese wohl bekannteste Geschichte Mark Twains interpr
tieren zu wollen wird den meisten Lesern so vorkommen, a
würde man einen guten Witz nachträglich erklären. Sie i
von hinreißender Erzählfreude, voll von Komik, Satir
scharfer Menschenbeobachtung und einer grundsätzliche
Skepsis gegenüber der Spezies Mensch. Aber sie bedarf z
ihrem Verständnis keinerlei Erklärung. Nun gibt es ab
auch unter guten Witzen bessere und schlechtere; und ei
neugieriger Leser, auch wenn er langatmigen Interpretatio
nen abgeneigt ist, wird vielleicht dennoch gern wissen wo
len, weshalb die einen besser als die anderen sind. Deshal
sollte man auch bei einer bloß unterhaltsamen Geschicht

eren Gehalt in ihrer Wirkung liegt und nicht erst als tiefere
edeutung aus verborgenen Schichten geschürft werden
nuß, einmal die Frage aufwerfen, wie sie gemacht wurde, um
ıre Wirkung zu erzielen.

ı der Geschichte verbinden sich zwei Erzähltraditionen der
merikanischen Folklore: Tall tale und Yarn. Beide Formen
aben wir im allgemeinen Teil bereits kurz erklärt. Ihre spe-
ielle Ausprägung mag typisch amerikanisch sein, das Prin-
ip, dem sie folgen, ist aber so allgemein, daß sie wahrschein-
ch in allen Kulturkreisen anzutreffen sind. So kennen wir
ıs Irreale und Phantastische übertriebene Lügengeschichten
ıch aus der deutschen Literatur, wo der Baron Münchhau-
en ihr bekanntester Vertreter ist. Das realistische Garn aber
at sich bei uns nicht als kurze Form ausgebildet. Der Grund
nag der sein, daß es in Deutschland im 19. Jahrhundert
aum noch eine mündliche Literaturtradition gab, so daß
ch das schriftliche »Garnspinnen« zu langen Romanen aus-
ʾachsen konnte, wofür Jean Paul und Günter Grass zwei
eit auseinanderliegende Beispiele sind. Der Erzähler der
all tale steht vor dem Problem, wie er den Leser oder Zu-
örer dazu bringt, auf die Fiktion einzugehen, und der
ʾarnspinner steht vor dem Problem, wie er den endlosen
aden zu einem befriedigenden Abschluß bringt. Das erste
roblem kann der Erzähler dadurch lösen, daß er von der
lltagsrealität ausgeht und diese entweder ins Irreale über-
eibt oder sie so normativ auffaßt, daß sie ad absurdum
eführt wird. Am Anfang muß aber eine Anknüpfung an die
ealität stehen, da sonst keine Tall tale, sondern eine von
ornherein phantastische Geschichte entsteht. Während *tall-*
ess durch eine vertikale Entfernung von der Normalität ent-
eht, wird das Garn horizontal gesponnen. Die Kombina-
on der beiden Formen wirkt deshalb wie ein Kräfteparalle-
ogramm. Das Garnspinnen zieht die Geschichte nach vorn
nd flacht die steile Kurve der Übertreibung so ab, daß der
eser sie nicht als zu übertrieben empfindet. Und der Auf-
au von *tallness* bereitet den Höhepunkt und damit die
löglichkeit einer Pointe vor.

Das Problem der Glaubwürdigkeit löst der Erzähler i
Twains Geschichte schon am Anfang, indem er berichtet, w
er sich auf Wunsch eines Freundes nach dessen Freund Leo
nidas W. Smiley erkundigt, den es aber gar nicht zu gebe
scheint. Statt dessen wird ihm von seinem Informante
Simon Wheeler sogleich die Geschichte eines Jim Smiley au
getischt. Der Erzähler kommt sogar zu der Vermutung, da
sein Freund ihm die Suche nach dem nichtexistenten Leon
das nur deshalb aufgetragen habe, damit Wheeler ihn mit d
Geschichte jenes berühmten Jim überfallen konnte. Durc
diesen Kunstgriff erscheint der Erzähler selbst als derjenig
der der Täuschung ausgesetzt ist, und damit dem Lese
gegenüber als glaubwürdig. Wheeler ist nun der, dem d
Yarn in den Mund gelegt wird. Unerschöpflich scheint es a
ihm herauszuprudeln. Doch hat es von Anfang an ei
Struktur, die sich immer deutlicher abzuzeichnen beginnt.
Es ist die Geschichte des wettsüchtigen Jim Smiley, der kei
Gelegenheit zu einer Wette ungenutzt verstreichen läßt un
den auch kein Taktgefühl daran hindert, mit dem Mann ein
kranken Frau, der es gerade wieder etwas besser geht, z
wetten, »daß sie nicht wieder auf die Beine kommt«. Nac
einem kurzen Vorspann, in dem Jims Wettsucht beschriebe
wird, folgen drei Beispiele, die im Detail ausgeführt werde
Wieder haben wir es mit dem typischen Drei-Schritt-Schen
zu tun. Das erste Beispiel ist die Geschichte von Jims Pfer
das wie eine Schindmähre aussieht und trotzdem im Schlu
spurt jedes Rennen mit einer Nasenlänge gewinnt. D
zweite handelt von Jims kleiner, kurzbeiniger Bulldogge, d
jeden Kampf gewinnt, weil sie sich in die Hinterbeine ihr
Gegners verbeißt und sie nicht mehr losläßt. Ihr kläglich
Ende findet sie, als sie gegen einen Hund ohne Hinterbei
antreten mußte. Da hatte sie keine Chance. Diese Geschich
ist bereits länger als die erste, und ihr Held, die Bulldogg
hat einen Namen: Andrew Jackson. Es ist der Name ein
der großen amerikanischen Präsidenten und Kriegshelde
Außerdem endet die Geschichte mit einer verlorenen Wett
Damit wird die Erwartung des Lesers einmal auf eine weiter

Steigerung und sodann auf einen überraschenden Abschluß gelenkt, der im dritten Beispiel erfolgen muß. Dieses handelt von Jims Springfrosch, der weiter springt als alle anderen. Als ein Fremder meint, daß der Frosch nicht besser sei als irgendein anderer, kommt es zur Wette. Jim tut dem Fremden den Gefallen und besorgt ihm aus einem nahegelegenen Sumpf einen gewöhnlichen Frosch. Währenddessen stopft der Fremde heimlich Jims Springfrosch mit Schrotblei voll. Bei dem anschließenden Wettkampf kommt der Wunderfrosch nicht von der Stelle. Der Fremde kassiert das Geld und verläßt mit einer spöttischen Bemerkung den Wettplatz. Zu spät merkt Jim, daß er hereingelegt worden ist. Auch der Frosch hat einen Namen, Daniel Webster. Es ist der Name eines wegen seiner Rhetorik in Amerika berühmten Politikers. Der Name ist natürlich sehr absichtsvoll gewählt; denn dem Frosch wurde wie seinem Besitzer das große Maul zum Verhängnis.

Trotz der ironisch-satirischen Seitenhiebe ist die Geschichte keine Satire. Sie erzählt eine phantasievolle Lügengeschichte, die dennoch nicht wild drauflosfabuliert, sondern zuerst einmal kunstvoll Glaubwürdigkeit beim Leser einwirbt, danach nach klassischer Manier in drei Schritten die Spannung aufbaut, diese dann durch eine Pointe löst und zum Schluß in die Rahmenerzählung zurückkehrt, als nämlich Wheeler kurz weggerufen wird und der Erzähler sich an Leonidas W. Smiley erinnert. Als Wheeler zurückkehrt und anhebt, von Smileys gelber, einäugiger Kuh zu erzählen, entfährt dem Erzähler ein »Zum Kuckuck mit Eurem Smiley . . .«, und er verläßt eilig den redseligen Alten.

Das Eigentümliche an der Komik dieser Geschichte ist, daß sie weder eine Zielscheibe hat, die lächerlich gemacht wird, noch einen komischen Helden, dessen Witz uns zum Lachen bringt. Der Erzähler befindet sich zwar in der Rolle dessen, dem die Lügengeschichte aufgetischt wird und der deshalb der Ausgelachte wäre, wenn er auf die Geschichte hereinfiele, doch in seiner Einleitung aus der Erzählerperspektive deutet er dieses Verhältnis ganz anders:

Simon Wheeler drückte mich in eine Ecke und setzt« sich mit seinem Stuhl so davor, daß ich mich nicht rüh ren konnte; dann ließ er die nun folgende monoton Erzählung vom Stapel. Nicht ein einziges Mal lächelt er dabei, nie runzelte er die Stirn, nie änderte sein« Stimme die freundlich dahinfließende Tonart, in der e seinen ersten Satz begonnen hatte, nie verriet er die lei seste Spur von Begeisterung; doch durch die endlos« Erzählung rann ein Rinnsal eindrucksvoller Ernsthaf tigkeit und Aufrichtigkeit, so daß ich merkte, daß e« weit von der Vorstellung entfernt, seiner Erzählun« könne etwas Lächerliches oder Seltsames anhaften, si« vielmehr als ein wirklich bedeutsames Ereignis ansa« und ihren beiden Helden eine wahrhaft geniale Raffi niertheit zugestand. Mir erschien das Schauspiel eine« Mannes, der mit ernsthafter Heiterkeit und ohne auc« nur einmal zu lächeln ein solch seltsames Garn abspann« ausgesprochen absurd.   (S. 3 f

Diese Komik, die wie bei Buster Keaton aus dem Verberge« der komischen Absicht entspringt, hat weder einen überlege nen Witzbold noch einen unterlegenen Tölpel. Mark Twai« gebraucht dafür das Wort »absurd«. Wäre der Begriff nic« durch das moderne absurde Drama anders besetzt, so könnt man ihn durchaus dafür verwenden. Die Komik ist ganz au« der Sphäre der individuellen Moral in die der zwischen« menschlichen Interaktion verlagert. Es ist eine ausgespro chen demokratische Komik, weil sie keine Hierarchie kennt« Insofern paßt sie gut zum ebenfalls sehr demokratische« Phänomen des Wettens, das in der amerikanischen Gesell schaft so weit verbreitet ist. Das Wetten bietet jedem Men« schen immer wieder die gleiche, durch nichts privilegiert Chance, wobei weder Macht noch Stärke, weder Reichtu« noch Wissen zählt, sondern nur Intuition und der Mut zu« Risiko. Die hierarchische Komik der klassischen Satire, di« moralisch von oben nach unten wirkt, ist in der amerikani« schen Literatur viel seltener anzutreffen als in der europä«

chen. Und auch die ebenso hierarchische Komik des überlegenen Narren, wie wir sie von Shakespeare kennen, scheint den Amerikanern fremd zu sein. In Mark Twains absurder Komik, die vom Makabren bis zum Grotesken reicht, scheint sich eine spezifisch amerikanische Form von Humor auszudrücken. Vielleicht ist dies der Grund, weshalb Hemingway ihn als den ersten wahrhaft amerikanischen Schriftsteller bezeichnete. Allerdings steht hinter seinem Humor eine so grundsätzliche Skepsis gegenüber der Spezies Mensch, daß man seine Werke auch als allgemeine Menschheitssatire lesen kann. Auch das wäre wieder eine demokratisch-egalitäre Komik, wenn auch mit mehr Bitterstoff versetzt, als zum amerikanischen Optimismus zu passen scheint. Kein Wunder also, daß seine Landsleute ihn vor allem als witzigen Humoristen schätzen und seinen misanthropischen Pessimismus der späteren Jahre gern übersehen.

Die realistische Kurzgeschichte (local-colour story)
Bret Harte: Das Glück von Roaring Camp (1868)

Während Poe mit seinen Kurzgeschichten noch tief in der europäisch beeinflußten romantischen Überlieferung stand und Mark Twain aus der amerikanischen Tradition heraus vor allem die komisch-satirischen Möglichkeiten der Form ausschöpfte, hat Bret Harte als einer der ersten die Kurzgeschichte ganz in die Tradition des Realismus gestellt, der den Roman des 19. Jahrhunderts prägte. Harte war ein glühender Bewunderer von Charles Dickens und versuchte dessen epische Erzählweise auf die Kurzform zu übertragen. Dabei war ihm die bildkräftige Sprache des großen Briten ebenso sehr Vorbild wie seine warme Menschlichkeit, was freilich dazu führte, daß auch seine Geschichten – wie die Romane seines Vorbilds – oft einen Zug von Sentimentalität erhielten, der für moderne Leser nur noch schwer erträglich ist. Das charakteristischste Merkmal seiner Geschichten ist aber ihr ausgeprägter Realismus. Als Harte schon gut dreißig Jahre lang ein berühmter Autor war, schrieb er 1899 einen Artikel *The Rise of the »Short Story«* (Das Aufkommen der Kurzgeschichte), mit dem er die Theorie seines eigenen Schaffens nachlieferte. In diesem Artikel erklärte er die Geschichten von Poe und Hawthorne für noch unamerikanisch und beschrieb seine eigene Form der Kurzgeschichte als eine, die aus der genuinen Volkstradition Amerikas herausgewachsen sei. Sein ästhetisches Ziel war die möglichst authentische Wiedergabe eines Wirklichkeitsausschnitts. In der amerikanischen Literaturkritik nennt man diesen Typ von Erzählung *slice-of-life story*, was auf eine Lehnübersetzung des von Jean Juillen geprägten französischen Begriffs »tranche de vie« zurückgeht und »eine Scheibe Leben« bedeutet. Während dieser Begriff Harte in die Nähe des französischen Naturalismus rückt, stellt ihn der Begriff *local-colour story* in eine spezifisch amerikanische Tradition. (Wir haben den Begriff im Allgemeinen Teil erläutert.) Die Local-colour-Bewegung, die einen regionalistisch ausgerichteten Realismus anstrebte, war zwischen 1870 und 1890 eine der vorherrschenden Tendenzen der amerikanischen Literatur.

Hartes berühmte Geschichte *Das Glück von Roaring Camp* (*The Luck of Roaring Camp*), die das Lokalkolorit eines kalifornischen Goldgräberlagers einzufangen versucht, ist eines der frühesten Beispiele einer Local-colour-Geschichte. Das Lager, in dem die Handlung spielt, trägt den bezeichnenden Namen Roaring Camp. *Roaring* heißt wörtlich übersetzt »brüllend« und in übertragener Bedeutung »phantastisch«, »großartig«. In diesem Lager bringt Cherokee Sal, eine indianische Prostituierte, ein Kind zur Welt und stirbt gleich darauf. Die zunächst ratlosen Goldgräber, die das freudige Ereignis erst einmal gebührend feiern, machen sich anschließend daran, das Baby mit Hilfe von Eselsmilch und guten Ratschlägen, die jeder einzelne beisteuert, aufzuziehen. Es gelingt ihnen tatsächlich, das Kind über den ersten Winter zu bringen. Während dieser Zeit ist im Lager eine unehmende Zivilisierung der bis dahin völlig verwilderten itten zu beobachten. Stumpy, ein Goldgräber mit zweifelafter Vergangenheit, der schon zwei Familien hat sitzen lasen, übernimmt die Mutterstelle an dem Kind, dem die agergemeinschaft den Namen Luck (= Glück) gegeben hat. Jnd tatsächlich wird der Sommer, der auf die Geburt ihres Glücks« folgte, vom gesamten Lager als »goldener Sommer« empfunden. Schon werden Pläne gemacht, wie man das ager mit einem Hotel und sonstigen Zeichen von Zivilisertheit ausstatten könnte. Da tritt am Ende eines harten Vinters der Fluß über die Ufer, und am Morgen wird Kenuck, einer der Goldgräber, erschöpft aus dem Wasser efischt, mit dem toten Kind im Arm. Er lächelt matt und tirbt mit dem Satz: »Sagt den Boys, daß ich jetzt ›Das Glück‹ ei mir habe.« Ein mit Dickens vertrauter Leser wird dabei icher sogleich an die Weihnachtsgeschichten des Viktoriaers denken, in denen wie bei Harte erzählt wird, wie aus iner fast schon hoffnungslos erscheinenden Verkrustung lötzlich eine warme Menschlichkeit hervorbricht. Und auch ei Dickens wird diese Humanisierung oft durch den Einuß eines Kindes ausgelöst.

Harte bedient sich keiner besonderen Kunstgriffe. Seine Geschichte ist kaum interpretationsbedürftig. Ihre Qualität iegt in der authentischen Beschreibung des rauhen Goldgräerlagers und in dem warmen Humor, mit dem er die Menschlichkeit unter der harten Schale der rauhbeinigen Goldgräber zum Vorschein bringt. Das liest sich heute allerings anders als zu der Zeit, da Harte seine Geschichte chrieb. Für damalige Verhältnisse hält sich seine Sentimenalität in Grenzen; denn er verzichtet weitgehend auf eine noralisierende Wertung und nimmt das Rührende, das in ler zentralen Situation liegt, durch die knappe und lapidare childerung des tödlichen Endes wieder zurück. Heute aber vird man die Geschichte kaum noch lesen können, ohne laß einen ein ungutes Gefühl beschleicht. Deshalb neigt die Kritik dazu, Harte dadurch zu retten, daß sie in seiner Geschichte einen doppelten Boden aufzeigt. Wenn Harte

schildert, wie die abgebrühten Goldgräber linkisch und ver
legen dem Neugeborenen Geschenke bringen, so wird sic
wohl jeder Leser unwillkürlich an die Weisen aus dem Mor
genland erinnert fühlen. Ob Harte eine solche Analogie z
Christi Geburt beabsichtigt hat, wird sich kaum beweise
lassen. Daß sie sich förmlich aufdrängt, ist jedenfalls kla
Damit würde diese realistische Kurzgeschichte aber auf ein
mal zu einer parabolischen werden, und man müßte sie au
ganz andere Weise lesen. Dem steht jedoch ihre realistisch
Erzählweise entgegen.

Hier zeigt sich ein anderes Problem der realistischen Ereig
nisgeschichte. Während Poes unrealistische Erzählweis
auch für den heutigen Leser noch interessant ist und imme
noch moderne Autoren parabolischer Kurzgeschichte
beeinflußt, sind die realistischen Ereignisgeschichten de
19. Jahrhunderts vor dem Hintergrund der ganz andere
Realität des späten 20. Jahrhunderts kaum noch von Inter
esse. Der entscheidende Wendepunkt kam mit Tschechov
der das Ereignis aus der realistischen Geschichte heraus
nahm. Da die Gestaltung des Ereignisses immer auf ein
Lösung abzielte, gab diese dem Ereignis automatisch ein
Deutung. Mit der Herausnahme des Ereignisses verschwan
auch die implizierte Deutung, und es blieb nur noch di
ambivalente und darum zeitlos authentische Wirklichkeits
darstellung übrig. Bei manchen Autoren des 19. Jahrhun
derts läßt sich beobachten, wie sich in ihrem Werk diese
Übergang vollzieht. So schreibt z. B. Marie von Ebner
Eschenbach Kurzgeschichten, von denen einige ausgeprägt
Ereignisgeschichten sind, die ein beträchtliches Maß an Sen
timentalität enthalten, während in anderen das Ereignishaft
so abgeschwächt ist, daß die Geschichten schon an Tsche
chow denken lassen. Das gleiche läßt sich bei Bret Hart
beobachten. In unserer Geschichte wird wie bei Tschechov
durch ein Initialereignis eine Situation geschaffen, die de
Hauptteil der Erzählung ausmacht und durchaus zu eine
modernen Situationsgeschichte hätte führen können. Doch
anders als Tschechow kehrt Harte am Schluß zur novellisti

chen Form zurück und läßt aus der Situation eine ereignishafte Katastrophe hervorgehen. Diese »Lösung« enthält notwendigerweise eine unausgesprochene Deutung der dargestellten Wirklichkeit und gibt der Geschichte jene falsche
Sentimentalität, die der Leser bei Tschechow nicht spürt,
obwohl dieser in seinen Geschichten eher noch stärkere
Gefühle für seine Charaktere weckt als Bret Harte.

Bret Harte, einst hoch geschätzt, steht heute nicht mehr hoch
in Kurs. Als rasch aufgestiegener und schnell verglühter
Meteor blieb er eine Übergangserscheinung in der amerikanischen Literatur. Doch unter den Gründungsvätern der
Kurzgeschichte wird er seinen Platz behalten. Er hat der
realistischen Short story Geltung verschafft, zugleich aber
auch die Beschränkung der Ereignispointe erkennen lassen
und damit dazu beigetragen, daß die Autoren des 20. Jahrhunderts nach einer neuen Form suchten. Sie fanden sie in
der modernen Situationsgeschichte, der Sherwood Anderson
1919 mit seiner Kurzgeschichtensammlung *Winesburg, Ohio*
in Amerika zum Durchbruch verhalf.

Surprise-ending story
Guy de Maupassant: Der Schmuck *(1884)*

Guy de Maupassant war nicht nur einer der produktivsten,
sondern auch einer der bedeutendsten Autoren jener älteren
Form der Kurzgeschichte, die wir Ereignisgeschichte nennen. Er hatte in jungen Jahren Flaubert kennengelernt und
war bei ihm nach eigener Aussage sieben Jahre in die Lehre
gegangen, bevor er die erste Zeile als Schriftsteller schrieb.
Von Flaubert lernte er vor allem die strenge Ökonomie des
Erzählens. Statt jedoch wie sein großer Lehrmeister sieben
Jahre an einem einzigen Roman zu arbeiten und darin an
jedem Wort bis zur letzten Vollendung zu feilen, entschied
er sich für die Kurzprosa und wurde auf deren Feld selber
zu einem Meister der Wortökonomie. Der Umfang seiner

Erzählungen reicht von der anekdotischen Kurzform bis hin zur Länge von Novellen, weshalb er selbst sie teils als *conte* teils als *nouvelle* bezeichnete. Auf den terminologischen Unterschied brauchen wir hier nicht einzugehen, da sie alle keine Novellen im Sinne unserer Definition sind. Einige zumal die schwankhaften, lassen sich mit der italienischen *novella* vergleichen. Doch die meisten sind echte Kurzgeschichten in der Weise, wie Poe die Form begründet hat. Doch anders als bei Poe war bei ihm die Geschichte nicht das Mittel, um im Leser eine intellektuelle Spannung zu erzeugen, sondern die Spannung war umgekehrt das Mittel, um in der Geschichte auf ein menschliches Schicksal ein plötzliches Schlaglicht zu werfen. Dabei handelt es sich überwiegend um Alltagsschicksale, die trotz ihrer Banalität von erschütternder Eindringlichkeit sein können.

Eine der bekanntesten und zugleich vollendetsten seiner Geschichten ist *Der Schmuck*. Schon der Eröffnungssatz weist die Erzählung eindeutig als Kurzgeschichte aus, wie wir bereits in dem Kapitel »Der verräterische erste Satz« dargelegt. Die Einführung der Heldin durch das Pronomen statt durch den Namen stellt sofort die kurze Erzählerdistanz her, die den charakteristischen Erzählmodus der Kurzgeschichte ausmacht. Danach wird erzählt, wie die Frau, nachdem sie einen kleinen Angestellten des Kultusministeriums geheiratet hat, tagaus, tagein unter der Armseligkeit ihrer Verhältnisse leidet. Als sie einmal mit ihrem Mann zu einem großen Empfang eingeladen wird, leiht sie sich von einer wohlhabenden Bekannten einen Brillanthalsschmuck, um wenigstens einmal in ihrem Leben wirklich Eindruck zu machen. Auf dem Heimweg entdeckt sie plötzlich, daß sie den Schmuck verloren hat. Er bleibt trotz verzweifelter Suche unauffindbar. Um nicht in den Verdacht der Unehrlichkeit zu geraten, nimmt das junge Ehepaar einen hohen Kredit auf, läßt dafür bei einem Juwelier aus echten Brillanten eine Kopie des Geschmeides herstellen und lebt zehn Jahre lang nur dafür, den Kredit zu tilgen. Als die letzte Rate abgezahlt ist, ist die schöne junge Frau vorzeitig gealtert und hat an

Leben vorbeigelebt. Da trifft sie zufällig ihre Bekannte, der sie damals die Kopie des Halsbands zurückgegeben hat. Die Frau erkennt ihr verhärmtes Gegenüber zuerst gar nicht. Dann gesteht Mathilde der reichen Dame das ganze damalige Unglück. Es kommt zu folgendem Dialog:

> »Ja! Und du hast es nicht einmal bemerkt, haha! Es sah auch genauso aus wie das andere.«
> Und sie lächelte stolz und voll naiver Freude.
> Aufs äußerste bewegt ergriff Frau Forestier ihre beiden Hände.
> »Oh! Arme, liebe Mathilde! Meins war ja doch nur eine Imitation. Höchstens fünfhundert Franken wert . . .!«
>
> (S. 13)

Dies ist ein Surprise-ending von ganz anderer Art als bei O. Henry oder späteren Spezialisten populärer Konfektionsware. Hier wird nicht auf raffinierte Weise Spannung aufgebaut, die sich dann durch eine plötzliche, vom Leser gänzlich unerwartete Pointe auflöst. Vielmehr wird eine Handlung, die vom Moment des verhängnisvollen Unglücks an langsam und stetig in einen Sumpf alltäglicher Armseligkeit abgesunken war, an einen Punkt geführt, an dem die Befreiung von der drückenden Schuldenlast als bescheidenes, wehmütiges Glück empfunden wird. Und just in diesem Moment tut sich mit der Aufdeckung der Wahrheit ein Loch auf, das – anders als bei einem spannungslösenden Dénouement – die ganze vorher ausgebliebene Spannung dadurch nachholt, daß die unglückliche Frau nun vom Rande dieses plötzlichen Abgrunds auf ihr vergeudetes Leben hinabsieht. Die Spannungskurve der Geschichte hat eine gewisse Ähnlichkeit mit dem typischen Handlungsverlauf der Desillusionierungsromane, die so charakteristisch für das 19. Jahrhundert waren. Ihr herausragendes Beispiel ist Flauberts *Madame Bovary*. Der Roman führt in relativ schnellen Schritten auf den ersten Höhepunkt, nämlich auf Emmas Eheschließung mit dem Landarzt Charles Bovary hin. Dieser Höhepunkt, der zugleich den Gipfel von Emmas Illusion markiert, ist zugleich aber real der Tiefpunkt ihres Lebens; denn sie landet durch ihre Ehe in einem Sumpf, aus dem sie sich danach in nicht minder illusionären und darum ebenso hoffnungslosen Versuchen herauszuziehen versucht. Ihre romantisch verblendeten Fluchtversuche führen die Handlung schrittweise auf den letzten Höhepunkt hin, der real ebenfalls ein Tiefpunkt ist, so daß das, was erzähltechnisch als steigende Handlung bezeichnet werden müßte, eigentlich ein stetiges Sinken ist. Am Schluß hat Emma durch ihre wiederholten Ausbrüche in eine Illusionswelt einen so erdrückenden Schuldenberg angehäuft, daß sie im Selbstmord den einzigen Ausweg sieht.

In Maupassants Geschichte ist der inhaltliche Verlauf ganz anders, doch die formale Spannungskurve weist eine deutliche Ähnlichkeit auf. Auch hier liegt der erste Höhepunkt ganz am Anfang der Geschichte. Danach folgt mit dem zehnjährigen Abstottern der Schulden eine Phase, die formal als steigende Handlung auf die Schlußpointe hinführt, die aber real ein langsames und stetiges Versinken im Sumpf von Ärmlichkeit darstellt. Das Emma Bovary-Schema wird hier aber auf paradoxe Weise umgekehrt. Emma häuft Schulden an und bereitet damit den Grund für ihren Selbstmord vor. Mathilde und ihr Mann zahlen Schulden ab und scheinen zuletzt die Spannung der Anfangskatastrophe restlos abgearbeitet zu haben, allerdings auf eine Weise, die dem Leser keinerlei kathartische Befriedigung, allenfalls ein Gefühl mitleidiger Erleichterung verschafft. Dieser ganze zehn Jahre während Handlungsstrang, der aus der Sicht der Personen einen rationalen Versuch der Wiederherstellung der Ordnung darstellt, ist objektiv ähnlich illusionär wie die Illusionswelt, in der Emma Bovary lebt; denn das Abzahlen der Schulden ist die Folge der irrigen Annahme, daß der Schmuck echt sei. Die Aufdeckung dieser Illusion, in die das junge Paar ganz schuldlos hineingeraten war, ist der zweite, abschließende Höhepunkt, analog der Einsicht Emmas in die Ausweglosigkeit ihrer Situation. Die bittere Ironie im Schicksal Mathildes liegt darin, daß die Enthüllung der

Wahrheit ihr nachträglich noch die »naive Freude« zerstört, die sie darüber empfindet, sich vollkommen rehabilitiert zu haben. In einer Tragödie leitet die Aufdeckung des tragischen Irrtums, die sogenannte Anagnorisis, die Katastrophe ein, an deren Ende der tragische Held durch Sühne entlastet ist. Hier aber scheint die Katastrophe bereits mit der vollständigen Katharsis abgeschlossen zu sein, als plötzlich der Irrtum aufgedeckt wird, der nun keinerlei tragisches Potential mehr hat. Er läßt die Frau am Schluß nicht als Heldin, sondern als arme Törin dastehen, die vom Schicksal zum Narren gehalten wurde.

Das Kunstvolle der Geschichte liegt vor allem darin, daß Maupassant den thematischen Kern nicht nur formal wie in den üblichen dingzentrierten Geschichten auf den Schmuck hin ausrichtet, sondern daß er im Ding selbst den thematischen Gegensatz widerspiegelt. Es geht wie in *Madame Bovary* um den Gegensatz von authentischem und nicht-authentischem, also entfremdetem Leben. Bei Flaubert wird sowohl das Versinken im Stumpfsinn der Provinzialität als auch die Flucht in die Illusion als eine Form der Entfremdung bloßgestellt. Bei Maupassant will Mathilde mit einem echten Schmuckstück für einen kurzen Augenblick die große Welt authentisch erleben. Die Enthüllung, daß es ein unechtes Schmuckstück war, weist rückblickend auf das Illusionäre ihres damaligen Strebens. Danach lebt sie zehn Jahre lang in der Knechtschaft ihres Schuldendienstes, und auch dies ist eine Form des nichtauthentischen entfremdeten Lebens, die ihr aufgezwungen wurde. In dieser Knechtschaft aber hat sie den Wert des echten Schmuckstücks neu hervorgebracht. Dies berechtigt sie zu der »naiven Freude«; denn wenn das Endergebnis ihrer Arbeit das Äquivalent für das darin eingegangene Leben ist, dann muß die Echtheit des rückerstatteten Schmuckstücks auch ihrem Leben einen Hauch des Echten und Authentischen geben. Doch dieser Hauch der selbstverdienten Würde wird durch die Schlußenthüllung zunichte gemacht. Mit 500 Franken hätte sie den Schaden begleichen können. Sie zahlte das Achtzigfache und muß danach erfahren, daß die Echtheit des so erarbeiteten Schmucks von der Besitzerin nicht einmal bemerkt wurde. So wird zuletzt der Versuch, auf ganz ehrliche Weise in Mühsal und Bescheidenheit die eigene Würde wiederherzustellen, genauso als Illusion entlarvt wie die eher harmlose Hochstapelei am Anfang, die das ganze Unheil ausgelöst hatte.

Maupassant schrieb wie Bret Harte realistische Ereignisgeschichten. Doch anders als der Amerikaner orientierte er sich nicht an dem humanitären Realismus eines Dickens, sondern an der illusionslosen Wirklichkeitsdarstellung Flauberts. Wo Bret Hartes Pointen da, wo sie schmerzen, Mitleid mobilisieren und letzten Endes das Vertrauen in die menschliche Güte bestärken, setzt Maupassant mit seinen Pointen das Messer an, mit dem er die »wahre Wirklichkeit« freilegt. Ebendeshalb sind seine Erzählungen trotz ihrer novellistischen Zuspitzung echte Kurzgeschichten.

Von der Ereignisgeschichte zur Situationsgeschichte
Marie von Ebner-Eschenbach: Der Muff (1883)

Als Erfinder und erster Großmeister der modernen Situationsgeschichte gilt allgemein Anton Tschechow. Das ist vom weltliterarischen Standpunkt aus zweifellos richtig. Um so überraschender muß es anmuten, wenn hier eine Geschichte der Ebner-Eschenbach als Musterbeispiel gewählt wird. Es gehört zu den Absonderlichkeiten der deutschen Literaturwissenschaft, daß sie in ihren Bemühungen um die Kurzgeschichte ausgerechnet den einzigen echten Autor von Kurzgeschichten in deutscher Sprache im 19. Jahrhundert kaum jemals erwähnt. Selbst im Zeitalter des Feminismus hat die Tatsache, daß dieser Autor eine Autorin ist, daran nichts geändert. Während man sich abmüht, in Hebbels verunglückter *Kuh* ein frühes Modell der Kurzgeschichte zu sehen oder Hebels Kalendergeschichten als Vorläufer der neuen Form zu deuten, wird Marie von Ebner-Eschenbach meist

nit Schweigen übergangen, obwohl sie im ganzen 19. Jahr-
undert die einzige ist, deren Geschichten sich völlig vom
orbild der Novelle gelöst haben und entweder echte Kurz-
eschichten oder – in der längeren Form – Erzählungen sind.
Weder Ruth J. Kilchenmanns *Die Kurzgeschichte* (1967)
och Ludwig Rohners *Theorie der Kurzgeschichte* (1973),
och Leonie Marx' *Die deutsche Kurzgeschichte* (1985), noch
Manfred Durzaks *Die Kunst der Kurzgeschichte* (1989) er-
vähnen sie mit einem einzigen Wort.

Die hier ausgewählte Geschichte gibt sich bereits im Titel als
Ding-Geschichte zu erkennen. *Der Muff* könnte zwar auch
uf den Falken einer Novelle hindeuten, doch schon der erste
atz schafft Klarheit:

> Die Generalin kam aus einer Nachmittagsgesellschaft,
> an der mehrere ausgezeichnete Persönlichkeiten teilge-
> nommen hatten. (S. 338)

o fängt keine Novelle, sondern nur eine Kurzgeschichte
oder eine Erzählung) an. Der bestimmte Artikel, die
estimmte Situation und der bestimmte Ort lassen die
Geschichte unmittelbar beginnen, ohne daß erst einmal die
ür den Novellenerzähler so wichtige objektive Position
ußerhalb des Erzählten etabliert wird. Der Titel könnte
llerdings auch eine klassische Ereignisgeschichte erwarten
assen, etwa wie Maupassants *Schmuck*. Dort aber wird in
chnellen Schritten eine Handlung aufgebaut, bei der der
Leser schon früh merkt, daß der geliehene Schmuck eine zen-
rale Funktion für den Höhe- und Wendepunkt der Ge-
chichte haben wird. Ganz anders verläuft die Geschichte
der Ebner-Eschenbach. Die novellistische Zielstrebigkeit
vird hier von Anfang an bewußt vermieden. Die Generalin
geht nicht zu einer Gesellschaft, sondern kommt von dort
urück. Als sie im Schneegestöber an einer Bettlerin vorbei-
ilt, wird sie von dieser nicht aufgehalten, sondern kehrt, aus
inem halb moralischen, halb sentimentalen Bedürfnis nach
Wohltätigkeit, zu ihr zurück. Und sie wird von dieser nicht
twa angebettelt, vielmehr sagt die Bettlerin: »Gehn S' weg!«

129

Da die Generalin kein Geld bei sich hat, drängt sie der alten Frau ihren Muff auf, damit diese sich wenigstens die Hände wärmen·kann. In dem Muff befindet sich das leere Portemonnaie der Spenderin, was der alten Frau danach großen Ärger einbringt, da die Polizei bei einer Kontrolle Diebstahl vermutet. Aber auch die Generalin handelt sich Ärger ein. Ihre Kammerfrau, die sich für die Herrin verantwortlich fühlt, mißbilligt ganz entschieden deren Wohltätigkeitssucht, zumal sie selber Ansprüche auf alle abgelegten Sachen der Generalin erhebt. Auch der General gibt seiner Frau freundlich zu verstehen, daß sie es mit dem Schenken etwas zu weit treibe. Als dann der Polizist mit der alten Frau vor der Tür steht, um den vermeintlichen Diebstahl aufzuklären, ist die arme Generalin gleich mehrfach in der Klemme. Sie muß sich gegenüber ihrem Mann, ihrer Kammerfrau und paradoxerweise am meisten gegenüber der beschenkten Frau dafür rechtfertigen, daß sie diese mit ihrer spontanen Anwandlung in solche Verlegenheit gebracht hat. Die zeternde Alte gibt nicht eher Ruhe, bis die Generalin den Muff zurückgenommen und sich mit einem erklecklichen Schmerzensgeld moralisch freigekauft hat. Zum Schluß sagt ihr Mann zu ihr:

»Ich werde von nun an ein schärferes Auge auf dich haben, Gattin, sonst kommst du mir einmal noch mit einem entzweigeschnittenen Mantel nach Hause, wie der heilige Martin.«

Die Generalin gelobt darauf Besserung. Doch nach kurzem Bedenken sagt sie:

»Diese Tat [des Martin] war mir immer rätselhaft. Ich hoffe nur, der Heilige hatte vorher schon sein Wams verschenkt, sonst schiene es mir unbegreiflich, daß er einem armen Unglücklichen nicht einmal einen ganzen Mantel gegönnt haben sollt'.«

»Du bist unverbesserlich, Gattin«, rief der General, streckte ihr aber plötzlich die Hand entgegen und setzte freundlich hinzu: »Gottlob!«   (S. 349)

130

o endet die Geschichte. In ihr ist das, was in früheren Erzählungen dieses Typs als moralisches Problem behandelt worden wäre, auf die alltäglichste Banalität reduziert. Es geht um ein kleines Geschenk, das keinerlei Opfer verlangt, das auch gar nicht mit moralischer Geste weggegeben wird, sondern halb aus einem warmherzigen Impuls heraus und halb aus einem Gefühl von Verlegenheit. Das Situative des Vorfalls hat nichts Ereignishaftes mehr an sich, es bewirkt keine Krise, die nach einer Lösung verlangt hätte. Es ist vielmehr schon ein typisches Beispiel für das, was Tschechow und seine Nachfolger in den Mittelpunkt ihrer Situationsgeschichten gestellt haben. In ihnen geht es wie in der vorliegenden nicht um die kunstvolle Schürzung und Lösung eines Handlungsknotens, sondern um die nuancierte Darstellung einer banalen Alltagssituation, bei der es vor allem darauf ankommt, mit kaum merklichen Schattierungen zu zeigen, wie die Personen auf die Situation reagieren. Wie Tschechows Geschichten hat auch diese hier noch eine Handlung. Aber die Pointe darin ist gerade das Ausbleiben eines dramatischen Ereignisses. Eine romantische Novelle hätte den Vorfall so ausgebaut, daß darin die universale Paradoxie sichtbar geworden wäre, wie ein Mensch durch gute Taten Unglück herbeizieht. Das Wahrheitszentrum hätte dabei – wie in jeder Novelle – außerhalb des Erzählten gelegen. Hier aber geht es um ein Geschehen von harmloser Banalität, bei dem die Großzügigkeit der Generalin ironisch ebenso relativiert wird wie die leidende Bedürftigkeit der alten Frau durch ihre uppige Undankbarkeit. Das Wahrheitszentrum liegt also im Innern des Erzählten und die ans Licht gebrachte Wahrheit in der schillernden und »gebrochenen« moralischen Natur der beiden Hauptbeteiligten sowie in der Schwierigkeit, exakt zu bestimmen, wie ein Mensch sich in einer solchen Situation verhalten sollte.

Marie von Ebner-Eschenbach hebt sich aus der deutschen Literatur des 19. Jahrhunderts dadurch heraus, daß sie von der Tradition der Novelle gänzlich unbeeinflußt blieb. Sie schrieb Romane, längere Erzählungen und echte Kurzge-

schichten. In ihnen zeigt sich ein ähnliches humanitäre
Pathos wie bei Bret Harte. Manche Geschichten der Autori
haben sicher einen Zug von Sentimentalität. Aber ihr
dezente Ironie und vor allem ihre mutige Parteinahme fü
die Unterdrückten machen diese Sentimentalität erträglich
und in einigen ihrer Geschichten erreicht sie, vor allem be
der Darstellung ihrer Frauengestalten, eine ähnlich unsent
mentale Gefühlsintensität, wie man sie bei Tschechow, unse
rem nächsten Autor, findet.

Von der Sensations- zur Deflationspointe
Anton Tschechow: Gram (1886)

Anton Tschechow gilt als der Begründer und erste Meiste
der modernen Kurzgeschichte. Zwischen 1883 und 188
schrieb er neben seiner Tätigkeit als Arzt über dreihunder
Erzählungen, die sich allesamt durch extreme Kürze aus
zeichneten. Die Zeitschrift, in der sie erschienen, hatte ihr
ein Limit von 100 Zeilen gesetzt, was er als quälend
Zwangsjacke empfand, was aber sicher ein Grund dafür wa
daß seine Geschichten den Leser mit einer bis dahin un
bekannten Direktheit förmlich ansprangen. Um das Zeilen
limit nicht zu überschreiten, hatte er es sich nach eigene
Aussage zum Prinzip gemacht, eine Geschichte so knapp wi
möglich zu erzählen und zuletzt den Anfang und den Schlu
wegzuschneiden. Auf diese Weise entstand jene Offenhe
der Form, die später als ein Wesensmerkmal der moderne
Kurzgeschichte angesehen wurde. Nach 1886, als Tschechov
Zugang zu anderen Zeitschriften fand und für Buchverlege
interessant geworden war, schrieb er Geschichten, die länge
und ernsthafter waren als die frühen Werke. Auch ging sein
anfangs schier unglaubliche Produktion deutlich zurück, al
er sich ab 1887 immer stärker dem Drama zuwandte. Doc
ungeachtet dieser Veränderung ist allen seinen Geschich
ten ein eigentümlicher »Tschechow-Ton« gemeinsam, de
Komik und Tragik so austariert, daß der Leser den Eindruc

gewinnt, als werde das Handeln der Personen nicht wie in der vorausgegangenen Literatur auf ein moralisches Normensystem, sondern gleichsam wertneutral auf die Null-Ebene des Lebens schlechthin bezogen.

Inhaltlich scheinen die frühen Geschichten durchaus noch nicht zum Typus der modernen ereignislosen Situationsgeschichte zu gehören. Die meisten von ihnen sind Humoresken, die auf eine Pointe zulaufen und damit eher an die klassische Form des Schwanks in der Form der italienischen *novella* denken lassen als an die Geschichten Hemingways. Erst wenn man die Art der Pointe näher betrachtet, wird man merken, daß sie etwas anderes bewirkt als in den traditionellen Plot stories. In letzteren besteht sie darin, daß etwas, auf dessen Eintreten der Leser gespannt war, am Ende auf unerwartete Weise eintritt. Im ernsten Genre ist es etwas Befürchtetes, im Heiter-Komischen etwas Erhofftes. Bei Tschechow aber trifft weder das eine noch das andere zu. Er beschreibt eine gespannte Situation und spitzt sie so zu, daß der Leser eine Auflösung der Spannung erwartet. Doch diese Auflösung erfolgt nicht durch das Eintreten des Erhofften oder Befürchteten. Vielmehr geschieht etwas, worin sich das Erhoffte und das Befürchtete gewissermaßen auf der Null-Linie neutralisieren, so daß der für die Novelle und die novellistische Kurzgeschichte so charakteristische kathartische Effekt ausbleibt. Katharsis war der Begriff, mit dem Aristoteles die Wirkung der Tragödie beschrieb: das Abarbeiten einer vorher aufgebauten Erregung, das in einem lustvollen Gefühl emotionaler Entlastung endet. Ganz analog funktioniert auch die Komödie, nur daß dort die Erregung nicht durch Mit-Leiden, sondern durch Mit-Freuen oder durch Schadenfreude abgebaut wird. Diese Form der Auflösung einer vorher kunstvoll aufgebauten Spannung lag der dramatischen wie der gesamten fiktionalen Literatur bis zum Ende des 19. Jahrhunderts zugrunde. In der Kurzgeschichte ist sie noch sehr gut bei Maupassant zu beobachten, auch wenn in *Der Schmuck* die Spannungsauflösung schon nicht mehr zu einer moralischen Katharsis führt.

Bei Tschechow aber funktioniert die Auflösung der Pointe ganz anders. Er erzählt eine gespannte Situation, die der Leser erwarten läßt, daß er sie entweder mitleidend oder sich mitfreuend abarbeiten wird. Doch beides bleibt aus. Statt dessen führt seine Lösung der gespannten Situation in die gleichförmig graue, aber dennoch vitale Banalität des menschlichen Lebens zurück. Äußerlich erkennt man diese eigentümliche Verfahren schon daran, daß die meisten Geschichten nicht auf einen Spannungshöhepunkt hin erzählt werden, sondern mit einem solchen einsetzen oder ihn rasch eintreten lassen, so daß der Rest der Geschichte nur noch die Auflösung der Spannung in der oben beschriebenen Weise zum Ziel hat. Einige Beispiele mögen das bisher Gesagte verdeutlichen.

In der Kriminalgeschichte *Das schwedische Zündholz* wird nach einem angeblichen Mord eine lynchartige Hatz auf einen Unschuldigen veranstaltet, die damit endet, daß man den vermeintlich Ermordeten betrunken im Bett seiner Geliebten findet. In *Der Nachhilfelehrer* gibt ein armer Gymnasiast einem strohdummen Jungen in Gegenwart von dessen Vater Nachhilfeunterricht und merkt dabei, daß der Vater ebensowenig Latein kann wie der Sohn. Doch dann verheddert sich der Gymnasiast bei einer mathematischen Gleichung und sieht sich der boshaften Überlegenheit von Vater und Sohn ausgesetzt, als ersterer, der von Algebra keine Ahnung hat, trotzdem mit Hilfe eines alten Rechenbretts schnell und sicher die richtige Lösung findet. Zuletzt bittet der Gymnasiast schüchtern um Bezahlung, da man ihm den Lohn für sechs Monate schuldig ist. Der Vater vertröstet ihn, und der Gymnasiast geht gedemütigt davon. Auch hier löst sich alles in der Alltagsbanalität auf. Der Gymnasiast ist der geistig Überlegene und der Unterdrückte, aber auch der Versager, der seine Mathematik nicht beherrschte; der Vater ist dumm, aber er ist schlau genug, mit dem Rechenbrett umzugehen und den Gymnasiasten auszunutzen. Es geht also nicht um die klassische Herbeiführung einer moralisch befriedigenden kathartischen Lösung, sonlern um einen darwinistischen Kampf, über dessen Ausgang das elementare Leben entscheidet, nämlich durch den Sieg des Vitaleren. Tschechow ergreift dabei keineswegs die Partei des Gymnasiasten. Hätte er das gewollt, dann hätte er ihn nicht an der Mathematikaufgabe scheitern lassen.

Ein besonders gutes Beispiel für das oben Ausgeführte ist die Geschichte *Ängste*. Dort berichtet der Ich-Erzähler von den drei einzigen Malen, wo er wirklich Angst empfunden hat. Es waren Begebenheiten, die alltäglicher kaum sein könnten: ein unerklärlicher Lichtschein von einem Kirchturm her während eines Sonnenuntergangs, das Vorbeisausen eines führerlosen Waggons, der sich auf einer Steigung von einem Güterzug gelöst hatte, und die Begegnung mit einem fremden Hund, der sich nicht abschütteln ließ und den Erzähler unverwandt anstarrte, als sei er der Pudel aus Goethes *Faust*.

Die typische Tschechow-Pointe besteht also darin, daß aus einer gespannten Situation die Luft herausgelassen wird, ohne daß dieser »Luftdruck« vorher etwas bewirkt hätte. Man kann hier von einer Auflösung durch *Deflation* sprechen. Dabei handelt es sich um etwas anderes als die aus der Literatur des 19. Jahrhunderts bekannte Form der Desillusionierung. Diese hinterläßt im Leser Trauer und Mitgefühl. Tschechows Deflation will keine Trauer hinterlassen, sondern eine allgemeine illusionslose und dennoch warme Sympathie für alles Lebendige. Wie bewußt er diese Wirkung anstrebte, geht beispielsweise aus seinen Äußerungen anläßlich der Uraufführung seines Stücks *Drei Schwestern* hervor. Der große Stanislawskij führte damals Regie, und Tschechows Frau spielte eine der Hauptrollen. Fast alle Aufführungen dieses Stücks haben bis auf den heutigen Tag im Zuschauer ein trauervolles Mitgefühl für das verkümmerte Leben der drei Schwestern hervorgerufen. Tschechow aber beschwor seine Frau und den Regisseur, diese Trauer nicht aufkommen zu lassen. Er hielt das Stück für eine heitere Komödie. Und in der Tat spricht aus diesem Drama des verfehlten Lebens trotz allem ein Bekenntnis zum Leben schlechthin.

Die Geschichte *Gram*, die wir nun genauer betrachten wollen, ist in jeder Hinsicht typisch für Tschechows Kunst. Sie ist nur knapp sieben Seiten lang und enthält keinerlei Handlung. Ein Petersburger Kutscher wartet mit seinem Schlitten im dichten Schneetreiben auf Kundschaft. Bei jedem Fahrgast, der zu ihm einsteigt, entschlüpft ihm zwanghaft der Satz:

> Mir, Herr, ist nämlich ... die Woche der Sohn gestorben

Der Gram über den Tod des Sohnes drängt mit übermächtiger Gewalt nach einer Äußerung. Aber niemand hört ihm zu. Alle sind mit sich selbst beschäftigt, wollen ihr Ziel erreichen, ärgern sich über den Straßenverkehr und lassen den untröstlichen Kutscher mit seinem Gram allein. Abends, als er mit anderen Kutschern in seiner armseligen Herberge sitzt und sich schon zum Schlafen bereitmachen will, drängt es ihn, noch einmal zu seinem Pferd zu gehen, das er liebevoll Stutchen nennt und dem er alles erzählt.

> Das Pferdchen kaut, hört zu und schnauft seinem Herrn in die Hände ...
> Jona kommt ins Reden und erzählt ihm alles ... (S. 36)

Als Motto hat Tschechow der Geschichte den Psalmvers vorangestellt: »Wem klage ich meinen Schmerz ...?« Damit wird der Gram von Anfang an als die Ausgangsspannung der Erzählung angezeigt. Er ist nicht das Ergebnis eines ereignishaften Geschehens, sondern eine psychische Situation, die nach Lösung verlangt. Als solche kommt für Tschechow keine irgendwie geartete Pointe in Frage, etwa die Begegnung mit noch viel schwererem Leid oder mit einem zweifelhaften Glück, das durch Schuld erkauft wurde, sondern einzig und allein das Sich-Luft-Machen des übermächtigen Grams. Deshalb braucht er keinen raffinierten Plot zu konstruieren, sondern kann sich ganz ins Innere des armen Kutschers versetzen und dessen Gefühle mit schlichtesten Worten zum Ausdruck bringen, was ihm auf wunderbar poetische Weise gelingt. Der leitmotivisch wiederkehrende Satz mit dem er seine Kunden auf den Tod seines Sohnes aufmerksam machen will, zeigt ganz realistisch das immer wieder durchbrechende Bedürfnis nach Ausdruck seines Grams. In einer Plot story würde man erwarten, daß ein solcher Satz eine strukturbildende Signalwirkung hat. Dabei wäre das wahrscheinlichste Muster die dreimalige gesteigerte Wiederholung des Satzes mit einem danach eintretenden spannungslösenden Ereignis gewesen. Auch Tschechow läßt seinen Kutscher drei Anläufe machen, seine Geschichte zu erzählen, und jeder Versuch endet enttäuschender als der vorangegangene. Der erste Angeredete, ein Offizier, erkundigt sich immerhin nach der Todesursache. Der zweite, ein üppiger Buckliger, sagt nur: »Wir müssen alle mal sterben.« Der dritte schließlich, ein junger Kutscher in der Herberge, dreht sich nur um und schläft weiter. Da geht Jona zu seinem Pferdchen und öffnet ihm gegenüber die Schleusen seines Grams. Während das Drei-Schritt-Schema in der traditionellen Ereignisgeschichte aufwärts gerichtet ist und zum Höhepunkt hinführt, ist es hier abwärts gerichtet und führt die Entspannung herbei. Das Sich-Luft-Machen des armen Kutschers ist im vorliegenden Fall die geradezu wörtliche Umsetzung dessen, was wir als Deflation bezeichnet haben. In anderen Geschichten wird es nicht ganz so direkt vorgeführt. Aber es geht doch so gut wie immer um die Rückkehr zur Null-Linie des kreatürlichen Lebens und nicht um eine moralische Lösung, die als solche abschließend formuliert werden kann.

Auch moralisierende Geschichten lieben den dreigliedrigen Aufbau. So erhält Johann Peter Hebels Handwerksbursche aus Duttlingen in Amsterdam auf seine drei Fragen, wem das große Schiff gehöre, wer in dem schönen Haus wohne und wer in dem Sarg des Leichenzugs liege, dreimal die Antwort: »Kannitverstan«, woraus er die tröstliche Moral zieht, daß er den Herrn Kannitverstan nicht um sein Schiff und sein Haus zu beneiden brauche. Bei Tschechow finden wir die gleichen traditionellen Erzählelemente, aber sie werden zu einem ganz anderen Zweck eingesetzt. Es mutet fast so an, als wolle

er mit seinem klassischen dreischrittigen Aufbau, der ei
moralisierendes Fazit erwarten läßt, eben diese Erwartung
ironisieren.

In das hier skizzierte Grundgerüst ist das übrige stofflich
Material mit bewundernswerter, weil ganz unaufdringliche
Kunst eingefügt. Da es um das Lösen des Grams, also gewis
sermaßen um das Auftauen eines Zustands von seelische
Erstarrung geht, hat Tschechow an den Anfang ein Bild vo
winterlicher Kälte gestellt. Der Kutscher und sein Pferd ste
hen wie eingefroren und mit Schnee überkrustet reglos a
ihrem Platz. Beide müssen sich aus ihrer Erstarrung erst frei
schütteln. Dann setzt hektische Bewegung ein. Die Schlitte
und Droschken drohen ständig zu kollidieren, die Mensche
hetzen die Straße entlang, drängeln und fluchen; aber auch i
dieser Hektik gibt es für den Kutscher keine Gelegenheit, sei
nen Gram zu stillen, also zur Ruhe zu bringen. Und gleicher
maßen scheitert der Versuch am warmen Ofen im verrauch
ten und stickigen Zimmer; denn der Gram erfüllt ihn ja selbe
so, daß er daran zu ersticken droht. Erst als er in den Stall z
seinem Pferdchen geht, ist in der Bildschicht der Erzählun
der Zustand erreicht, wo Wärme und Kälte, Leben und Still
sich auf der wertneutralen Ebene des schieren Lebens treffe
Diese moralfreie Rückkehr in die Neutralität des Lebens a
sich ist das, was Tschechows Geschichten trotz der anrüh
renden und oft erschütternden Situationen, die sie erzäh
len, frei von jeglicher Sentimentalität hält.

Wie Maupassant in der europäischen Literatur die novelli
stische Ereignisgeschichte repräsentiert, so Tschechow di
ereignislose Situationsgeschichte. Maupassants Typ vo
Kurzgeschichte ist in der anspruchsvollen Literatur fas
nur noch in parabolischer oder satirischer Form anzutre
fen, während der Tschechowsche Typ zur Standardfor
der modernen Kurzgeschichte geworden ist. In Englan
wo es zwischen der anspruchsvollen High-brow-Literatu
und der trivialen Low-brow-Literatur noch die angesehen
Zwischenform der Middle-brow-Literatur gibt, haben Au

138

toren guter Unterhaltungsliteratur wie William Somerset Maugham Geschichten geschrieben, in denen nach Tschechowschem Muster eine Situation entwickelt wird, die dann aber nach Art einer Ereignisgeschichte durch eine sensationelle Pointe zur Krise gebracht wird (Beispiel: Maugham: *Die Außenstation*).

Epiphanie statt Pointe
James Joyce: Arabia *(1914)*

James Joyce hat in den fünfzehn Geschichten seiner *Dubliner* (1914) als erster die Tschechowsche Situationsgeschichte zu einer voll entwickelten Kunstform ausgeformt, obgleich er nach eigener Aussage Tschechows Erzählwerk zur Zeit der Niederschrift seiner ersten Geschichten (1905) noch gar nicht kannte. Diese frühen Momentaufnahmen aus dem Leben einzelner Dubliner enthalten in Stoff und Stil bereits so viel vom späteren Joyce, daß einige Kritiker in ihnen schon den Vorentwurf des ganzen *Ulysses* sehen wollten. Ursprünglich sollte sogar eine Geschichte darin jenen Tagesablauf aus dem Leben Leopold Blooms darstellen, der sich dann mit fast hundertfacher Länge zum *Ulysses* auswuchs.

Joyces Geschichten auf der Grundlage einer deutschen Übersetzung zu interpretieren ist nahezu unmöglich, da er sie wie Prosagedichte komponiert hat. Jedes einzelne Wort ist so absichtsvoll gewählt, daß eine Interpretation wie bei einem Gedicht von Wort zu Wort und von Satz zu Satz voranschreiten muß, wenn sie das kunstvolle Geflecht von Wiederholungen, Echos und Anspielungen freilegen will. Das entscheidende Strukturprinzip aller Geschichten ist aber auch in einer Übersetzung zu erkennen. Jede einzelne schildert einen Ausschnitt aus dem Alltagsleben einer Person, wobei dieser kaum ein erzählenswertes Ereignis aufweist. Wenn trotzdem jede Geschichte einen Höhepunkt hat, dann deshalb, weil Joyce sie kunstvoll auf einen Fokus hin verdichtet, der einen

Moment intensiver Selbstwahrnehmung der betreffenden Person darstellt. Diese zentralen Momente des Durchschauens werden mit einem von Joyce selbst eingeführten Begriff als Epiphanien bezeichnet. Schon früh hatte er sich um eine philosophisch begründete Ästhetik bemüht und hatte auf der Grundlage der aristotelisch-scholastischen Philosophie des Mittelalters, zu der er als Katholik eine besondere Affinität empfand, die Vorstellung entwickelt, daß im Dichter eine plötzliche »Offenbarung der Washeit eines Dinges« aufbrechen kann, die es als Dichtung zu gestalten gilt. Diese Idee steht aber natürlich auch in der romantischen Tradition des Dichters als Seher. Die Kenntnis des philosophischen Hintergrunds von Joyces Epiphaniebegriff ist indessen nicht nötig und nicht einmal hilfreich für das Verstehen der im Fokus seiner Geschichten auftretenden Momente des Durchblicks bis auf den Grund; denn die philosophische Begründung läßt eher erwarten, daß die Epiphanie etwas Erhebendes bedeutet, während sie in den *Dublinern* niederschmetternde Einsichten in die Vergeblichkeit des menschlichen Lebens vermittelt.

Die Geschichte *Arabia* ist die dritte der Sammlung und wird wie die ersten beiden von einem Jungen in der Ich-Form erzählt, die übrigen Geschichten dagegen personal in der Er-Form. Bedenkt man, daß sich hinter dem Erzähler-Ich der Autor verbirgt, der dann in den beiden nächsten Werken *Jugendbildnis* und *Ulysses* als Stephen Daedalus bzw. Dedalus auftritt, dann fällt die deutliche Parallele zum *Ulysses* auf, in dem ebenfalls die ersten drei Episoden aus der Perspektive von Stephen Dedalus, wenngleich nicht in der Ich-Form erzählt werden. Die Handlung ist äußerlich karg und geradezu banal, während sie für das erzählende Ich ein Erlebnis von lähmender Frustration bedeutet. Der Junge lebt bei seinem Onkel und muß jedesmal in entwürdigender Form um das ihm versprochene Taschengeld betteln. Die Zeit außerhalb der Schule verbringt er meist damit, mit Freunden auf der Straße zu stehen und darauf zu warten, daß die Schwester seines Kumpels Mangan erscheint, in die er sich hoffnungslo verliebt hat. Die Jungen lauern dem Mädchen auf, um sie in belanglose Gespräche zu verwickeln. Eines Abends trifft der Erzähler sie, und sie sagt ihm, daß sie gern zu dem Bazar Arabia gehen würde, aber verhindert sei, weil sie an den Exerzitien ihrer Klosterschule teilnehmen müsse. Der Erzähler verspricht ihr, zum Bazar zu gehen und ihr etwas mitzubringen. Aber sein Onkel zögert mit der Auszahlung des kargen Taschengeldes so lange, daß nur noch wenig Zeit bleibt. Er hetzt mit dem Vorortzug zu dem Bazar, findet die meisten Stände bereits geschlossen und den größten Teil der Halle im Dunkeln. Eine Verkäuferin spricht ihn mit verächtlicher Herablassung an. Er findet nichts mehr, was er sich leisten kann. Dann werden die letzten Lichter gelöscht, und er steht allein in der Finsternis. Der Schlußsatz lautet:

> In die Dunkelheit hinaufspähend, sah ich mich selber als ein Wesen, von Eitelkeit getrieben und lächerlich gemacht; und meine Augen brannten vor Qual und Zorn. (S. 34)

Diese Epiphanie ist für den Erzähler ein Erlebnis von quälender Erniedrigung und hoffnungsloser Frustration, da er nichts hat, was er dem Mädchen mitbringen kann.

Um den kunstvollen Aufbau der Geschichte freizulegen, müßte man sie jetzt Zeile für Zeile analysieren. Das sackgassenhafte Zulaufen auf den peinigenden Schluß wird bereits mit dem ersten Satz eingeleitet; denn North Richmond Street, in der der Junge wohnt, wird als Sackgasse vorgestellt. Die Gegend ist verlassen und fast tot. In dem muffigen Haus des Onkels hat einmal ein Priester zur Untermiete gewohnt, von dem nur ein paar Romane in billigen Papiereinbänden zurückgeblieben sind. Die Atmosphäre dieses Milieus wird im Original mit Adjektiven wie *musty* (muffig), *damp* (feucht) und *sombre* (düster) charakterisiert. Nur der verwilderte Garten mit einem Apfelbaum in der Mitte und ein paar armseligen Büschen scheint sich verzweifelt gegen die beinahe tote Umgebung behaupten zu wollen. In der gleichen bedrückenden Stimmung geht es weiter mit der Schilderung der feuchtkalten späten Winternachmittage, die die Jungen auf der Straße verbringen. Inmitten dieser fröstelin machenden Kälte und Düsternis wärmt sich der Erzähler verzweifelt an seiner Liebe zu dem Mädchen. Eines Abends geht er in das Zimmer, in dem der Priester gestorben ist. Dies scheint der letzte Ort für ihn zu sein, der noch einen Hauch von Romantik hat. »O love, o love«, murmelt er immer wieder vor sich hin, was durch den Kursivdruck als Titel irgendeiner Schnulze kenntlich gemacht ist, zugleich aber auch sein echt empfundenes überquellendes Gefühl zum Ausdruck bringt. Dieser gequälte Liebesseufzer kurz vor der Mitte der Geschichte markiert den Höhepunkt der illusionären Sehnsucht, die in seinem Innern eingeschlossen ist und nach Verwirklichung drängt. Unmittelbar darauf heißt es: »Endlich sprach sie mich an.« Jetzt eröffnet sich ihm die Chance der Realisierung. Doch es folgt sein Warten auf das Taschengeld, der verspätete Aufbruch nach Arabia, wie das Glücksidol bezeichnenderweise heißt, und schließlich die niederschmetternde Desillusionierung mit der abschließenden Einsicht in die unverhüllte, unerbittliche Wahrheit.

Die Art und Weise, wie Joyce äußere Atmosphäre schafft, sie verdichtet und übergehen läßt in innere Zustände, ist von unvergleichlicher Kunst. Wenn er durch die Augen des Jungen mit wenigen Strichen das Bild des Mädchens skizziert und dabei erwähnt, wie das Licht der trüben Straßenlaterne auf ihren Nacken, ihr Haar und ihre Hand fällt und den weißen Saum ihres Unterrocks aufblitzen läßt, der unter ihrem Kleid hervorschaut, dann hat das mehr Erotik als seitenlang beschriebene Geschlechtsakte, wie sie inzwischen nicht nur in der Trivialliteratur Mode geworden sind. Das Mädchen erscheint dreimal, zuerst in einem kurzen Satz, dann in der erwähnten, erotisch aufgeladenen Beschreibung und zuletzt als ein Bild, das der Erzähler sich so intensiv vorstellt, daß er es wirklich zu sehen meint. Auch hier haben wir es mit einem Beispiel jener Dreischrittigkeit zu tun, die wir schon mehrfach aufgezeigt haben und die eines der meistgebrauchten

Mittel zur Strukturbildung ist. Joyce beschränkt sich aber nicht auf solche fast schon konventionalisierten Bauformen. Er gibt seiner Geschichte ein von quälendem Warten zu hektischer Eile und wieder zurück zu quälendem Zaudern führendes Rhyth-Muster. Nicht minder kunstvoll ist die Gliederung in die drei Schauplätze: zuerst die Straße, dann der Innenraum mit Blick auf die Straße und zuletzt der finstere, höhlenartige Bazar, in den der Junge mit dem Vorortzug wie in eine magische Unterwelt hineinfährt und der sich als ein schon halbgeschlossener Markt von armseliger Tristesse entpuppt. Von den Männern, die sich mit der Verkäuferin unterhalten, wird gesagt, daß ihr Akzent englisch sei. Damit erhält die ganze Situation noch eine zusätzliche Vertiefung; denn mit der gleichen demütigenden Herablassung, mit der der Junge von der Verkäuferin angeredet wird, waren Iren gewohnt, von ihren englischen Herren behandelt zu werden. Es ließen sich noch viele weitere Beispiele kunstvoller Nuancierung, Motivwiederholung und -spiegelung, symmetrischer Anordnung und rhythmischer Gliederung aufzeigen. Alle diese Kunstmittel sind eingebettet in eine einheitliche Bewegung der ganzen Geschichte auf ihr Ende hin. Sie hat nicht das klassische Muster der auf- und absteigenden Handlung. Der Höhepunkt ist der letzte Satz. Er enthält die Epiphanie, auf die die Geschichte vom Beginn an fokussiert wird. Das vorausgehende Geschehen ist keine steigende Handlung, die mit dieser tiefen Enttäuschung endet, sondern ein rhythmisierter Fluß von wechselnden Zuständen in einer gleichbleibenden Situation, nämlich der des hilflosen Eingesperrtseins in eine frustrierende Realität. Zwischen Illusion und Frustration hin und her pendelnd, verdichtet sich für den Erzähler die erlebte Situation auf jenen letzten Moment hin, als er gedemütigt und frustriert aus Arabia heimkehrt und erkennen muß, daß der schillernde Traum, den er inmitten der grauen Tristesse seiner Welt geträumt hat, eine Fata Morgana war.

Epiphanie als Krise
Katherine Mansfield: Glück *(1920)*

Katherine Mansfield gehört zu den ersten, die die moderne
Situationsgeschichte zu einer homogenen, von novellistischen und erzählungshaften Elementen gänzlich gereinig-
ten Form ausgebildet haben. Ihre meistanthologisierte
Geschichte *Glück (Bliss*; eigentlich »Seligkeit«, »Euphorie«)
kann geradezu als ein Musterbeispiel der neuen Form gelten.
Wo bei Tschechow und Joyce das erzählte Geschehen noch
über die enge szenische Begrenzung hinausgeht und somit
Ereignisse in die Geschichte einfließen, die sich zu einer
Scheibe aus einer Biographie, zu einer »slice of life«, zusam-
menfügen, faßt Katherine Mansfield eine einzige Situation
im Leben einer Person ins Auge und erzählt diese mit größter szenischer Intensität.

In *Glück* haben wir die inzwischen fast klassisch gewordene
Situation der modernen Kurzgeschichte, Menschen auf einer
Party. Bertha Young, die am Abend Gäste empfangen wird,
hat schon den ganzen Tag über ein unbeschreibliches Glücksgefühl. Wohin sie schaut, sieht sie Beweise dafür, daß sich in
ihrem Leben alles auf das glücklichste gefügt hat. Sie ist dreißig Jahre alt, lebt mit ihrem Mann in wohlhabenden Verhält-
nissen, hat ein niedliches Baby, keine Verpflichtungen und
einen kultivierten Freundeskreis. Letzteren wird sie am
Abend empfangen. Sie tänzelt durchs Haus, arrangiert dies
und das, läßt sich vom Kindermädchen das Baby vorführen
und berauscht sich beim Blick aus dem Fenster an der Blü-
tenpracht eines Birnbaumes. Dann kommen die Gäste.
Zuerst Norman Knight mit seiner Frau, ein Theaterunter-
nehmer, dann Eddie Warren, ein junger Stückeschreiber, und
zuletzt Pearl Fulton, die, ganz in Silber gekleidet, mit
»schweren Lidern« und »einem merkwürdig zögernden
Lächeln auf ihren Lippen« hereinrauscht. Die Party beginnt.
Small talk wird ausgetauscht, und allmählich merkt der
Leser, daß alles, was geredet wird, aus modischen Sprechbla-
sen besteht. Alle spielen sich selber und versuchen, ihre

Rolle einen Hauch von Originalität und Exzentrizität zu geben, während sie in Wirklichkeit bloße Marionetten des kulturellen Establishments sind. Manche Dialogfetzen grenzen bereits an Parodie, so z. B. wenn Eddie mit leiser feierlicher Stimme von dem neuesten Gedicht eines gewissen Bilk schwärmt:

> »Es beginnt mit einer *unglaublich* schönen Zeile: ›Muß es denn immer Tomatensuppe sein?‹« (S. 77)

So plätschert die Party dahin. Bertha beobachtet die ihr bis dahin fast unbekannte und irgendwie faszinierende Miss Fulton, fühlt sich sonderbar zu ihr hingezogen und hat ein momentanes Gefühl völliger Übereinstimmung mit ihr. Aus diesem Überschwang heraus muß sie Miss Fulton den blühenden Birnbaum zeigen, der wie eine ferne Lichtquelle in ihre Oase des Glücks hineinstrahlt. Sie glaubt, daß ihr Mann Miss Fulton ablehnt, und so beschließt sie, ihm nach der Party im Bett zu sagen, wie wundervoll sie diese geheimnisvolle Frau findet. Dabei wird ihr plötzlich bewußt, daß sie zum erstenmal in ihrem Leben ihren Mann begehrt. Bisher war sie bei ihm frigide. Sie hatten es anfangs als Störung empfunden, doch dann glaubte Bertha, daß er sich taktvoll damit abgefunden habe. Erregt durch die Ausstrahlung von Miss Fulton erwartet sie das Ende der Party und die Nacht mit Harry, ihrem Mann. Da sieht sie auf einmal bei der Verabschiedung der Gäste, wie ihr Mann, der sich unbeobachtet fühlt und gerade Miss Fulton in den Mantel helfen will, leidenschaftlich die Hände auf die Schultern der Frau legt und sie heftig zu sich herumdreht.

> Seine Lippen sagten: »Ich bete dich an«, und Miss Fulton legte ihre Mondscheinfinger auf seine Wangen und lächelte ihr schläfriges Lächeln. Harrys Nasenflügel bebten; seine Lippen verzerrten sich zu einem abscheulichen Grinsen, und er flüsterte: »Morgen!«, und mit den Augenlidern antwortete Miss Fulton: »Ja!« (S. 77)

Danach verabschiedet sich Miss Fulton ohne einen Anflug von Befangenheit von Bertha, die durch die schockierende Entdeckung so aus ihrem Glückstaumel gerissen ist, daß sie ans Fenster rennen muß, um einen Blick auf den Birnbaum zu werfen.

> »Aber was soll denn nun werden?« rief sie.
> Doch der Birnbaum war so herrlich wie eh und je – so voller Blüten und so still. (S. 78)

Deutlicher noch als bei Joyce hat diese Geschichte einen Fokus, in dem alle Kraftlinien plötzlich zusammenlaufen. Doch es ist keine Epiphanie im Sinne eines Auf-den-Grund-des-Lebens-Schauens, sondern vielmehr als Einbruch einer Wahrheit in das Leben Berthas, die dadurch in eine tiefe Krise gestürzt wird. Sie ist an diesem Abend, wie es scheint, sexuell für ihren Mann erwacht, und just in diesem Augenblick muß sie erkennen, daß sie ihn bereits verloren hat. Die Geschichte gibt zu wenig Auskunft, um die psychologische Motivation ganz aufzuschlüsseln. Berthas Faszination durch Miss Fulton könnte auf eine lesbische Neigung schließen lassen, was im Widerspruch zu dem plötzlichen Begehren stünde, das sie für ihren Mann empfindet. Vielleicht läßt sich ihre Reaktion auch so verstehen, daß sie sich durch das Gefühl der wortlosen Übereinstimmung mit Miss Fulton plötzlich mit dieser sinnlichen Frau identifiziert und damit zum erstenmal ihren Mann sinnlich wahrnimmt. Der psychische Ablauf bleibt im dunkeln. Doch das Krisenhafte des Vorgangs wird zum Fokus der Geschichte zugespitzt. Berthas oberflächlichem Glücksgefühl ist mit einem Male der Boden entzogen. Alles was sie bis dahin als ihr vollkommenes Leben empfunden hatte, wurde schlagartig als Schein entlarvt. Die Brüchigkeit der Oberfläche war für den Leser schon lange vorher erkennbar. Das leere Geschwätz, der modische Schnickschnack und die als Exzentrizität maskierte Konventionalität waren während der Party deutlich genug kritisch entlarvt worden. Doch der doppelte Boden, der von Anfang an unter der scheinbar so intakten Oberfläche liegt, kommt erst am Schluß durch das plötzliche Offenbarwerden des Verhältnisses zwischen Harry und Miss Fulton zum Vorschein. Diese Offenbarung wirkt funktional wie eine Epiphanie, inhaltlich aber bewirkt sie eine Konfrontation mit der Wahrheit, durch die eine tiefe Lebenskrise ausgelöst wird.

Katherine Mansfield hat dieses ganze kurze Drama mit großer Sprachkunst in eine einzige Szene gegossen, die nicht nur auf den krisenauslösenden Einbruch der Wahrheit hin fokussiert ist, sondern darüber hinaus noch auf ein Dingsymbol zentriert wird, auf den blühenden Birnbaum. Das Unberührte, bewußtlos Schöne, zugleich aber auch Verletzliche und Flüchtige, das in diesem Bild zum Ausdruck kommt, wird darin mit der für das Symbol charakteristischen Ambivalenz zusammengefaßt. Die Autorin bedient sich noch weiterer subtiler Kunstgriffe, um die »wahre Wirklichkeit« der Geschichte zum Ausdruck zu bringen, ohne sie auktorial kommentieren zu müssen. Als Beispiel sei nur die Namengebung genannt. Die faszinierende Miss Fulton heißt Pearl, also Perle, was dem verführerischen Reiz ihrer schillernden Schönheit entspricht. Bertha bedeutet »die Strahlende«, während ihr Mann den Allerweltsnamen Harry trägt, bei dem englische Leser wohl eher an einen recht lockeren Typ denken werden. Auch der Nachname Young (= jung) enthält eine versteckte Ironie; denn die mit dreißig Jahren nicht mehr ganz junge Bertha muß plötzlich erleben, daß sie bis dahin in einer unechten kindlichen Unschuld gelebt hat. Auch die übrigen Namen haben ironische Anklänge. Norman Knight bedeutet »normannischer Ritter«, und Eddie Warrens Nachname heißt »Kaninchenbau«. (Der gleiche Name weist in Shaws *Frau Warrens Gewerbe* darauf hin, daß die Heldin ihr Doppelleben wie einen Kaninchenbau unter der Oberfläche versteckt hält.) Das mag genügen, um zu zeigen, daß man bei Geschichten dieser Art jedes Wort auf die Goldwaage legen muß.

Die Kunst der Ereignislosigkeit
Ernest Hemingway: Katze im Regen (1923)

James Joyce und Katherine Mansfield hatten dem kargen Skelett der Tschechowschen ereignislosen Kurzgeschichte dadurch Fleisch gegeben, daß sie eine Situation im Leben einer Figur mit großer Sprachkunst in ein nuancenreiches Bild übersetzten. Ernest Hemingway, der für deutsche Kurzgeschichtenautoren zum einflußreichsten Vorbild wurde, wählte den entgegengesetzten Weg. Er erreichte die Verdichtung seiner Geschichten in einem Fokus nicht durch Anreicherung mit Nuancen, sondern durch Weglassen alles Entbehrlichen. Als Zeitungsreporter lernte er bereits mit achtzehn die Bedeutung der Kürze eines Textes kennen, die von Tschechow als Zwangsjacke empfunden worden war, wenngleich er sich in diesen Zwang gefügt und aus der Not eine Tugend gemacht hatte. Hemingways Stil wurde aber noch durch eine zweite Erfahrung geprägt, durch den Krieg. Das Leben unter Männern, die immer den Tod vor Augen hatten und ihre Angst hinter wortkarger Selbstzucht verbergen mußten, war das Milieu, das seinen lebenslangen Wertvorstellungen am meisten entsprach. Sein Maskulinitätskult und die latente Angst vor der Frau, die sich dahinter verbarg, hat zu einer Fülle von psychoanalytischen Deutungen Anlaß gegeben, auf die hier nicht eingegangen werden kann. Dieser Grundeinstellung entsprang sein Stil, dessen Markenzeichen äußerste Kargheit ist. Was andere Autoren bewußt anstrebten, nämlich die ungewöhnliche Wortwahl und die Originalität eines komplexen Stils, mied Hemingway ebenso absichtsvoll. Er erreichte die unverwechselbare Originalität seines Stils durch das Gegenteil, indem er die poetisch wirksame Abweichung von der Norm der Alltagssprache unterhalb dieser Norm suchte, indem er noch einfacher zu schreiben versuchte, als der Alltagsmensch spricht. Einem Autor mit diesem Stilideal – und für Hemingway war es zugleich das Ideal einer Lebensform – mußte sich die Kurzgeschichte geradezu aufdrängen.

Katze im Regen gehört zu Hemingways frühesten Kurzgeschichten. Er hatte sie bereits 1923 in seinem ersten Buch *Three Stories and Ten Poems* publiziert, das in Paris in einer kleinen Auflage von 300 Exemplaren herauskam. Ein Jahr später nahm er die Geschichte neben 14 weiteren in den ebenfalls in Paris erschienenen Band *In Our Time* auf, der ein weiteres Jahr später als sein erstes Buch in Amerika herauskam. Seitdem gilt die Geschichte als eine seiner besten und als ein Musterbeispiel seiner Erzählweise. Ihr Inhalt ist an Kargheit kaum zu überbieten. Ein noch junges amerikanisches Ehepaar schaut an einem regnerischen Tag aus dem Fenster eines italienischen Strandhotels. Die Frau sieht eine Katze, die sich unter einen grünen Gartentisch kauert, um sich vor dem Regen zu schützen. Sie fühlt den plötzlichen Wunsch, die Katze auf ihr Zimmer zu holen. Doch als sie hinausgeht, ist die Katze bereits verschwunden. Einem Zimmermädchen und dem Padrone des Hotels erzählt sie von der Katze. Wenig später kommt das Mädchen und bringt ihr im Auftrag des Padrone eine große schildpattfarbene Katze. Ob es die gleiche ist, bleibt offen.

Im 19. Jahrhundert wäre es kaum denkbar gewesen, aus einem solchen Stoff eine Geschichte zu machen. Doch Hemingway gelingt es, die ereignislose Situation so zu verdichten, daß in ihrem Fokus etwas Wesentliches über die Personen zum Ausdruck kommt. Wer Hemingways Gesamtwerk kennt, wird schon in dieser Geschichte die Andeutung einer Konfiguration erkennen, die in späteren Werken regelmäßig wiederkehrt. In der Geschichte treten nur vier Personen auf: ein junger Ehemann, der nicht merkt, was seine Frau wirklich will; eine junge Frau, die sich in der Entfaltung ihrer Weiblichkeit gehemmt sieht; der Padrone des Hotels, ein älterer Mann, der erfahren genug ist, um die Frau zu verstehen; und das Zimmermädchen, das eine Haltung von natürlicher Weiblichkeit zeigt. Hemingway charakterisiert die vier Personen mit einfachsten Mitteln. Der Ehemann liegt zunächst lesend im Bett, womit er sogleich in der Phantasie des Lesers einen Hauch von blasser Intellektualität erhält.

Als seine Frau sagt, sie wolle die Katze holen, bietet er zwar an, es für sie zu tun; doch dann liest er ruhig weiter, nachdem sie gesagt hat, sie wolle es selber tun. Von der Frau wird mit unüberhörbarer Betonung gesagt, daß sie den Padrone mag, daß sie sich ihm gegenüber »klein und gleichzeitig wirklich wichtig« fühlt und daß sie eine knabenhafte Frisur hat. Das Haar hat bei Hemingways Frauenfiguren eine unmißverständliche symbolische Bedeutung. Kurzes Haar bedeutet immer so etwas wie amputierte Weiblichkeit. Über den Padrone wird nur gesagt, daß ihre Frau seine »Würde« mochte. Das Zimmermädchen charakterisiert sich durch praktische, weder unterwürfige noch auftrumpfende Dienstbarkeit, und als sie am Schluß noch einmal erscheint, erhält sie durch die Art, wie sie die Katze an sich drückt, einen Zug von Mütterlichkeit. Eingebettet ist diese Figurenkonstellation in die graue Tristesse eines Regentags, dessen langweilige Leere Hemingway mit knappsten Mitteln und dennoch unvergleichlich dicht beschwört. Das einzige, was die Geschichte neben der Suche nach der Katze an Geschehen enthält, ist ein kurzes Gespräch der Eheleute über das Haar der Frau. Sie ist mit ihrer Knabenfrisur unzufrieden und möchte ihr Haar wachsen lassen, um es zu einem Knoten im Nacken zusammenfassen zu können. Der Mann sieht zu ihr auf und sagt, daß er ihr kurzes Haar mag. Dann sprudelt es plötzlich aus ihr heraus: Sie möchte außerdem eine Katze, einen eigenen Haushalt mit eigenem Silber und Kerzen auf dem Tisch und neue Kleider. Anfangs hatte der Mann noch aufmerksam vom Bett aus zu ihr aufgesehen. Dann sagt er barsch:

»Nun hör schon auf und nimm dir was zu lesen.«

(S. 68)

In diesem kurzen Wortwechsel wird deutlich, daß die Frau unter ihrem sterilen Dasein als mädchenhaftes Anhängsel ihres Mannes leidet. Der gleich darauf dreimal herausgestoßene Wunsch nach einer Katze ist eine leicht zu durchschauende Verschleierung ihres unbewußten Verlangens nach Mutterschaft. Ihr Mann zeigt dafür nicht das geringste Verständnis und empfiehlt ihr nur, sich in die intellektuelle Scheinwirklichkeit eines Buches zu flüchten. Diese Szene ist der eine Fokus der Geschichte, an dem das Problem zwischen den Ehepartnern plötzlich aufbricht und für den Leser sichtbar wird. Ein anderer Fokus war dem bereits vorausgegangen, nämlich in der Szene, als die Frau von der vergeblichen Suche nach der Katze zurückkehrt und am Büro des Padrone vorbeikommt.

> Sie fühlte sich innerlich irgendwie sehr klein und wie zugeschnürt. Beim Anblick des Padrone fühlte sie sich sehr klein und gleichzeitig wirklich wichtig. Einen Augenblick hatte sie ein Gefühl von höchster Wichtigkeit. (S. 67)

Die Frau, die am Anfang mehrmals als »die amerikanische Ehefrau« (the American wife) bezeichnet wird, ist während der beiden Szenen nur »das amerikanische Mädchen« (the American girl). Die Begegnung mit dem reifen älteren Mann macht ihr plötzlich ihre Mädchenhaftigkeit bewußt. Sie fühlt, daß sie keine richtige Frau ist, und sehnt sich nach der mütterlichen Rolle. Doch diese Sehnsucht nach dem verdrängten Teil ihrer Weiblichkeit richtet sich auf ein Surrogat, auf die Katze. Hemingway deutet auch dies nur mit sparsamsten Mitteln an. So wird an einer Stelle sechsmal wiederholt, daß die Frau den Padrone »mochte« (»she liked him«). Wer Hemingways Sprachgebrauch kennt, weiß, daß dieses *liked* durchaus mit einem sexuellen Unterton zu verstehen ist. Der reife ältere Mann mit seiner männlichen Würde hat in der Frau die verdrängte Weiblichkeit geweckt, ohne daß sie selber sich eines sexuellen Interesses für ihn bewußt ist.
Die Geschichte hat gewissermaßen zwei Epiphanien: die subjektive Epiphanie der Frau, als diese sich bei der Begegnung mit dem Padrone ihrer Weiblichkeit bewußt wird, und die objektive Epiphanie für den Leser, dem das Gespräch zwischen den Ehepartnern die Leere und Verständnislosigkeit zwischen ihnen vor Augen führt. Das Sterile ihrer Beziehung wird symbolisch noch dadurch unterstrichen, daß sie in

ihrem Hotelzimmer im Trockenen (d. h. »auf dem trockenen«) sitzen, während es draußen regnet. Die Frau wagt sich nach draußen und sucht etwas, dem sie ihre Muttergefühle widmen kann, der Mann aber bleibt auf dem Bett liegen und liest. Intellektuelle hat Hemingway in seinen Geschichten und Romanen immer wieder mit diesem Zug von Sterilität auftreten lassen, und auch die sterile Beziehung der beiden hat er in immer neuen Situationen variiert. Insofern hat man es schon in dieser frühen Geschichte mit dem ganzen Hemingway zu tun. Das Charakteristische an ihr ist, daß sie nicht wie eine klassische Erzählung ein sukzessives Geschehen ablaufen läßt, sondern daß sie die Situation so aufrollt, daß der Leser wie bei einem lyrischen Gedicht jedes einzelne Element immer im Kontext des Ganzen sehen muß. Jeder Satz führt nicht nur vom Vorausgegangenen zum Folgenden, sondern bezieht sich auf beides, so daß man bei der Interpretation immerzu das Verhältnis des einzelnen Teils zum Ganzen sehen muß. Dies ist das typische Interpretationsverfahren, das man auf lyrische Gedichte anwendet. Infolgedessen müßte man eigentlich die Konsequenz ziehen und solche Geschichten grundsätzlich in der Originalsprache interpretieren. In der Tat gehört der spröde Ton, die karge Wortwahl und die subtile Rhythmisierung der Sprache zu jenen für Hemingway charakteristischen Qualitäten, die sich nur am Original wahrnehmen lassen. Aber auch eine Übersetzung läßt erkennen, wie der Regen, die Katze, das Bett, auf dem der Mann liegt, und das Haar der Frau als Motive behandelt und durch Andeutungen, Wiederholungen und Bezugnahmen ineinandergeflochten werden, wobei der Charakter eines Gedichts auch dadurch erreicht wird, daß alles übrige ausgeblendet bleibt. Hier erweist sich wieder einmal, daß Dichte das Wesen eines Gedichts ausmacht.

Hemingway selbst hat über die Technik der Kurzgeschichte fast nichts gesagt. Ironischerweise hat er sein meistzitiertes Plädoyer für Kürze ausgerechnet in sein wortreichstes Buch eingestreut, in *Tod am Nachmittag*, eine eher etwas schwadronierende Abhandlung über den Stierkampf. Dort schreibt er, daß gute Prosa die »Würde« eines treibenden Eisbergs haben soll, der nur ein Achtel seiner Substanz zeigt. Daraus hat die Kritik dann Hemingways Eisberg-Theorie gemacht. Außerdem schreibt er noch, daß ein Erzähler möglichst alles über seinen Gegenstand wissen müsse. Beide Aussagen haben die Interpreten als Aufforderung und zugleich als Freibrief genommen, um die verborgenen sieben Achtel seiner Kurzgeschichten möglichst vollständig ans Licht zu heben. So wurde in unserer Geschichte z. B. das beiläufig erwähnte Kriegerdenkmal als Zeichen des Todes gedeutet und die ebenfalls nur kurz genannten Palmen als Fruchtbarkeitssymbol. Die einsam im Regen sitzende Katze wurde nicht nur als Bezugspunkt für den Kinderwunsch der Frau, sondern als Symbol ihrer eigenen Situation verstanden. Ein amerikanischer Kritiker sah sogar in der Farbe der Katze eine subtile Bedeutung. Schildpattfarbene Katzen haben die genetische Besonderheit, daß die Weibchen die Färbung nicht in direkter Nachkommenschaft weitergeben können und daß die Kater steril sind. Dieser genetische Sachverhalt ist erst in jüngster Zeit aufgeklärt worden. Hemingway konnte davon nicht mehr wissen, als daß diese Katzen die Farbe nicht unmittelbar weitervererben. Es dürfte deshalb ein typisches Beispiel von Überinterpretation sein, hier von einem Sterilitätssymbol zu sprechen. Sehr absichtsvoll scheint es dagegen, daß Hemingway im Zweifel läßt, ob es sich am Schluß um die gleiche Katze handelt. Dadurch enttäuscht er die für die Plot story stereotype Erwartung eines Surprise-ending und wahrt die offene Form der Situationsgeschichte.

Initiation statt Sensation
Ernest Hemingway: Die Killer (1927)

Unter allen Kurzgeschichten Hemingways dürften *Die Killer* diejenige sein, die am häufigsten in Sammlungen klassischer Kurzgeschichten abgedruckt wird. Zeigte *Katze im*

Regen die für ihn so charakteristische spröde Zartheit (die allerdings zuweilen auch in Sentimentalität umschlagen kann), so sind *Die Killer* ein Beispiel für die ebenso spröde, kommentarlose Härte, die sein Werk gleichermaßen auszeichnet. Auch hier ist die Handlung von äußerster Einfachheit. Zwei Gangster betreten ein Imbißlokal und bestellen etwas zu essen. Danach fangen sie an, die drei Männer im Lokal zu schikanieren, bis sie sie schließlich in der Küche einsperren. Inzwischen haben sie zu verstehen gegeben, daß sie auf einen Schweden namens Ole Andreson warten, um ihn zu töten. Der Schwede taucht aber nicht zur erwarteten Zeit auf, und so machen sie sich gleichmütig wieder davon. Danach schickt George, der Inhaber des Lokals, den jungen Nick Adams zu dem Schweden, um ihn zu warnen. Doch dieser hält jede Flucht für aussichtslos und erwartet fatalistisch sein Schicksal.

Die Geschichte beginnt zunächst wie eine klassische Plot story. Doch im Unterschied zu dieser spart sie gerade das aus, was deren Höhepunkt ausgemacht hätte. Der Leser erwartet das Auftauchen des Schweden und seine Exekution. Doch ebendies bleibt aus. Statt dessen beschränkt sich die Geschichte ganz darauf, die gespannte Situation zu gestalten. Dabei zeigt sich Hemingway als unvergleichlicher Meister in der Darstellung unterschiedlichster Nuancen von Aggression. Ohne irgendeine handgreifliche Brutalität zu zeigen, vermittelt die Geschichte dennoch die absolute Skrupellosigkeit der Gangster. Die besondere Wirkung beruht gerade darauf, daß es zu keiner physischen Grausamkeit kommt. Wenn wie in dieser Geschichte Menschen ohnmächtig der Macht von Verbrechern ausgeliefert sind, dann hat gerade das hilflose Ausgeliefertsein etwas so tief Entwürdigendes an sich, daß die Schilderung des Vorfalls im Leser ein hohes Maß an psychischer Spannung aufbaut. Diese Spannung kann aber nicht durch Mitleiden abgebaut werden, da das befürchtete physische Leiden gar nicht eintritt. Andererseits hat aber auch das Verschwinden der Gangster keine wirklich befreiende Wirkung, da die Bedrohung für das Opfer nicht geringer geworden ist. Insofern vermeidet Hemingways Geschichte nicht nur die formale Struktur der Plot story, sondern auch den für sie charakteristischen Ablauf, der nach dem Muster der Aristotelischen Tragödientheorie im Aufbauen und Lösen einer Spannung besteht, worauf am Ende kathartische Befriedigung eintritt. Die Geschichte läßt nur die akute szenische Spannung ein wenig abklingen, die eigentliche Handlungsspannung aber bleibt bestehen, da das drohende Ereignis weiterhin erwartet werden muß. Daß Hemingway sich hier absichtsvoll von dem traditionellen Spannungsschema distanziert, geht aus einer besonderen Finesse der Geschichte hervor, die der deutsche Leser nicht wahrnehmen kann und die auch den meisten amerikanischen Lesern entgehen wird. Die Stadt, in der die Handlung spielt, heißt Summit. Das ist der Name einer Stadt, in der O. Henry, der Meister der Plot story, seine groteske Parodie einer Kindesentführung *Das Lösegeld des Roten Häuptlings* (*The Ransom of Red Chief*) stattfinden läßt. O. Henry nimmt die Gangstergeschichte nicht ernst, aber er benutzt ihre Form, indem er das Handlungsschema umkehrt. Zwei Ganoven entführen einen Jungen, um für ihn Lösegeld zu erpressen. Statt aber die geforderte Summe von fünfzehnhundert Dollar zu bekommen, werden sie von dem entführten Bengel so schikaniert, daß sie am Ende dessen Vater noch 250 Dollar zahlen, damit dieser den Burschen zurücknimmt. O. Henry parodiert die Gangstergeschichte, indem er ihren Inhalt grotesk umkehrt. Hemingway hingegen nimmt den Inhalt der Gangstergeschichte und dreht statt dessen die traditionelle Form um, wodurch er eine ganz andere und noch stärkere Spannung erzielt, als es die alte Form ermöglicht hätte. (Daß er sich ganz bewußt auf O. Henrys Geschichte bezog, geht nicht nur aus dem Namen des Ortes hervor. Diese Übereinstimmung hätte auch Zufall sein können. Es gibt aber mindestens ein wörtliches Echo in der Geschichte, das den Zusammenhang eindeutig belegt.)

Nick Adams ist der Held mehrerer Geschichten Hemingways. Er ist darüber hinaus in gewissem Sinne das Alter ego des Autors. Insofern müßte man die Geschichte im Kontext der übrigen lesen, um zu erkennen, daß auch dieses Erlebnis wie die Erlebnisse in den anderen Geschichten, für Nick eine Schlüsselfunktion hat. Es veranlaßt ihn nämlich, die Stadt zu verlassen. »Held« ist allerdings eine ungeeignete Bezeichnung für Nick; denn er ist so gut wie nie der Handelnde, sondern nur der Erlebende, der Erfahrungen macht, die ihn für den Rest seines Lebens prägen. Die frühen Geschichten, in denen er auftritt, zeigen kritische Entwicklungsstufen eines Jungen auf dem Weg zum Mannesalter. Sie sind also eine Folge von Initiationsgeschichten, wobei der Moment der Initiation strukturell durchaus einer Joyceschen Epiphanie ähnlich sein kann. Doch handelt es sich bei der Epiphanie primär um einen Erkenntnisvorgang, während Initiation eine Persönlichkeitserfahrung darstellt. Man könnte Hemingways Nick-Adams-Geschichten in Anlehnung an den Joyceschen Titel »A Portrait of a young Man as a MAN« nennen, wobei die Großbuchstaben ausdrücken sollen, daß Männlichkeit bei Hemingway sehr groß geschrieben wird. Sein Maskulinitätskult hat später durchaus etwas Fragwürdiges und manchmal fast Kitschiges an sich. Die Nick-Adams-Geschichten aber, in denen es erst um den Aufbau einer reifen Männlichkeit geht, sind noch frei von allem Posenhaften und deshalb künstlerisch befriedigender als manche seiner späteren Werke.

Dabei nehmen *Die Killer* eine Sonderstellung ein. Es handelt sich um die einzige der Nick-Adams-Geschichten, die nicht wie die übrigen nur als latent gespannte Situation gestaltet ist, sondern als dramatisch entwickelte Szene, in der ein Geschehen abläuft, bei dem sich erzählte Zeit und Erzählzeit fast synchron zueinander verhalten. Damit scheint die Geschichte, wie oben dargelegt, als typische Plot story angelegt zu sein. Doch durch den – zweifellos beabsichtigten – Kunstgriff des ausbleibenden Höhepunkts verwandelt Hemingway die scheinbare Ereignisgeschichte in eine Situationsgeschichte, deren zentrale Figur nun nicht mehr der bedrohte Schwede Ole Andreson ist, sondern der Augenzeuge Nick, für den dieses Erlebnis einen entscheidenden Einschnitt in sein Leben bedeutet. Diese Wendung hätte nicht eintreten können, wenn der Mordanschlag geglückt wäre; denn dann hätte sich in der typischen Manier einer Plot story die ganze kathartische Energie der Geschichte auf das Opfer konzentriert. So aber kann die Spannung auf Nick umgelenkt werden, für den das, was er erlebt, eine kritische Erfahrung darstellt. Ihm ist der Gedanke unerträglich, daß der Schwede in seinem Zimmer apathisch auf seine Mörder wartet. »It's too damned awful«, sagt er. *Awful* hat in der Alltagssprache die Bedeutung »schrecklich«. Es hat zugleich aber noch die ursprüngliche Bedeutung des »Ehrfurchtgebietenden«, wie man es einer unbegreiflichen Schicksalsmacht zuschreibt. Insofern hat auch Nick hier eine Art Epiphanie. Er schaut auf den Grund der Welt und sieht dort, wie Täter und Opfer sich in gleichem Fatalismus einem System von unbegreiflichen Spielregeln unterwerfen. Aber für ihn ist dieser Blick nicht bloß eine Erkenntnis, sondern eine Initiation in die Erwachsenenwelt. Zu Anfang war er noch der Junge, der mit jugendlicher Unbedingtheit dafür sorgen wollte, daß der Schwede sich rettet. Doch danach ist er der Erwachsene, der die unbegreifliche Welt hinnimmt, so wie sie ist, und nur für sich selbst die Konsequenz zieht, die Stadt zu verlassen.

Anfänge der deutschen Kurzgeschichte *Wolfgang Borchert:* Nachts schlafen die Ratten doch *(1947)*

In Deutschland setzte sich die Kurzgeschichte erst nach dem Zweiten Weltkrieg als eine bewußt gehandhabte Erzählform durch. Zwar gab es schon im 19. Jahrhundert Kalendergeschichten und kürzere Erzählungen, die man als Vorformen gelten lassen könnte, und es gab mit Marie von Ebner-Eschenbach, wie wir sahen, auch schon eine Autorin, die fast gleichzeitig mit Tschechow auf dem Wege zur modernen

Kurzgeschichte war, doch neigten die deutschen Erzähler dazu, sich entweder an der Novelle oder an der romanhaften Erzählung zu orientieren. Erst die Nachkriegsautoren, die plötzlich mit der amerikanischen Kurzgeschichte und hier vor allem mit der von Hemingway konfrontiert wurden, erkannten die Möglichkeiten der neuen Form und versuchten sie künstlerisch einzusetzen. Dabei waren sie ebenso Zuspätgekommene wie im vorangegangenen Jahrhundert Theodor Fontane auf dem Felde des Romans. Während aber Fontane immerhin Romane schuf, die sich hinter den früher erschienenen Werken der Weltliteratur nicht zu verstecken brauchten, gibt es aus der Feder der deutschen Nachkriegsautoren kaum eine einzige Kurzgeschichte, die dem weltliterarischen Standard genügt. Wer die Inhaltsverzeichnisse englischsprachiger Anthologien von Kurzgeschichten der Weltliteratur durchsieht, wird finden, daß die deutsche Literatur darin regelmäßig nur durch Novellen von Thomas Mann und durch Kafkas parabolische Erzählungen vertreten ist. Dies hat nicht nur etwas mit mangelnder Qualität zu tun. Es rührt vor allem daher, daß die deutschen Autoren durch eine Literatur geprägt waren, die sich anderen Stilprinzipien verpflichtet hatte als die englische und amerikanische. Die dabei, wie es scheint, charakteristischsten Merkmale der klassischen deutschen Literatur sind zum einen eine bewußt poetisierende, einfühlsame Sprache und zum anderen das Bestreben, im Dargestellten immer etwas Tieferes, Allgemeineres durchscheinen zu lassen. Beides steht der Kurzgeschichte entgegen.

Als nach dem Kriege die deutschen Autoren wieder frei zu schreiben begannen, war einer darunter, dessen Stimme einen neuen, ungewohnten Klang hatte und der deshalb rasch die Aufmerksamkeit auf sich zog: es war Wolfgang Borchert. Die Unmittelbarkeit seiner Darstellung von Nachkriegserfahrungen und seine Biographie mit dem unter den Nationalsozialisten verhängten Todesurteil und dem frühen Tod trugen dazu bei, daß er als eine der anrührendsten Gestalten der deutschen Nachkriegsliteratur im Gedächtnis geblieben ist. Vor allem ging er aber in die Literaturgeschichte als der erste konsequente Kurzgeschichtenschreiber in. Deshalb zeigen sich gerade bei ihm die Geburtswehen der neuen Form besonders deutlich. Er versuchte nicht wie viele Ältere, an die klassische deutsche Tradition anzuknüpfen. Vielmehr fegte er mit unwirscher und emphatischer Geste das ganze gravitätische Bildungsgetue beiseite. Doch auch er stand in einer älteren Tradition, nämlich der des Expressionismus, die in seinen frühesten Werken sehr stark, in den späteren etwas abgeschwächt sichtbar wird. Das führte bei ihm zu einem emphatischen Sprachgestus, der mit dem Kunstideal der amerikanischen Kurzgeschichte unvereinbar war. Die Geschichte *Nachts schlafen die Ratten doch*, die zu den im Deutschunterricht meistbehandelten Kurzgeschichten zählt, läßt diese Abweichung von der amerikanischen Form schon im ersten Satz erkennen, der sich damit auch hier als verräterisch erweist.

> Das hohle Fenster in der vereinsamten Mauer gähnte blaurot voll früher Abendsonne. Staubgewölke flimmerte zwischen den steilgereckten Schornsteinresten. Die Schuttwüste döste. (S. 15)

Diese vier Zeilen sind bereits voll von Bildsplittern, die zum stereotypen Inventar des Expressionismus zählten. Sie muten wie die Beschreibung eines expressionistischen Bildes an. »Hohl«, »steil«, »vereinsamt«, die Farbwerte »blaurot« und poetisierende Bilder wie »Staubgewölke« sind nicht nur typische Bestandteile der expressionistischen Sprache, sondern auch typische Ausdruckswerte der Malerei jener Stilepoche. In einer Geschichte ist durch einen solchen Beginn eine auktoriale Optik festgelegt; denn nur ein Erzähler mit Außenperspektive kann all das wahrnehmen. Danach geht es weiter mit dem Satz:

> Er hatte die Augen zu.

Das ist der typische Beginn einer modernen Kurzgeschichte. Hier aber erfolgt der Perspektivenwechsel wie ein plötzlicher Bruch. Der Rest der Geschichte ist nahezu vollständig in

Dialog aufgelöst. Ein neunjähriger Junge hält vor einer Bombenruine Wache, um die Ratten zu verscheuchen, weil sein kleiner Bruder irgendwo unter den Trümmern liegt. Plötzlich sieht er einen Mann vor sich, der Kaninchenfutter sucht. Der Mann verwickelt den Jungen in ein Gespräch, erfährt dabei das Motiv des Jungen und bringt ihn mit pädagogischem Geschick dazu, wenigstens nachts seine Wache zu unterbrechen; denn »nachts schlafen die Ratten doch«.

Das ist zweifellos eine Situation, aus der sich eine moderne Kurzgeschichte machen läßt. Doch Borchert ist noch ganz ungeübt im Durchhalten der für die Kurzgeschichte charakteristischen Erzähleinstellung. Immer wieder gibt es Momente, wo er die Innenperspektive des Jungen verläßt und diesen von außen zeigt. So nennt er den Jungen, den er namenlos eingeführt hat, plötzlich Jürgen. Er tritt damit aus dem Innern des Jungen heraus und liest gewissermaßen dessen Türschild. Dabei wäre es so einfach gewesen, den älteren Mann nach dem Namen des Jungen fragen zu lassen. Auch während des Dialogs dringt immer wieder die auktoriale Perspektive in die Erzählung ein und wird am Schluß wieder so dominant wie am Anfang. (Es dürfte selbst Schülern nicht schwer fallen, alle diese indirekten Erzählerkommentare zu identifizieren.) Solche Unsicherheiten sind nicht nur kleine Kunstfehler. Sie haben einen fatalen Nebeneffekt. Durch die Einmischung des Erzählers, zumal bei einem so expressionistisch aufgeladenen Anfang, dringt auktoriale Einfühlung in den Erzählfluß und sentimentalisiert die Geschichte. Tschechow hat Geschichten geschrieben, die im Leser viel stärkere Mitleidaffekte mobilisieren. Da er aber auf jede Einfühlung verzichtet, sondern aus kurzer, gleichbleibender Distanz erzählt, haben wir bei ihm nie den Eindruck von Sentimentalität. Bei Borchert hingegen kann man sich dieses Eindrucks nur schwer erwehren, eben weil er die Situation, die für sich genommen schon etwas Rührendes hat, durch das Schwanken zwischen Außen- und Innenperspektive mit Einfühlung auflädt. Wer den Krieg und die unmittelbare Nachkriegszeit miterlebt hat, wird von Borcherts Geschichten sicher auch heute noch stark angerührt werden, da sie die Gefühle von damals mit großer Intensität wachrufen. Doch um als Kurzgeschichten dauerhaft zu überleben, schwanken sie noch zu unentschieden zwischen der objektiven kurzen Distanz, die zum Wesen der Kurzgeschichte gehört, und der poetisierenden Einfühlung, die fast so etwas wie ein Markenzeichen der deutschen Literatur von der Klassik bis zum Expressionismus ist. Vergleicht man diese Geschichte mit einer von Hemingway oder Tschechow, dann wird nicht nur der Qualitätsunterschied deutlich. Es zeigt sich auch, daß die Kurzgeschichte eine der schwierigsten Formen überhaupt ist, da bei ihr schon geringe Fehler die Wirkung des Ganzen zerstören. Ein nicht sonderlich gut erzählter Roman mit einem interessanten Thema kann immer noch eine befriedigende Lektüre sein. Aber eine Kurzgeschichte, die nur eine einzige und noch dazu völlig ereignislose Situation erzählt, muß fehlerlos sein, wenn sie ihre Wirkung erzielen will. Auch dies hat sie mit der Lyrik gemein.

Die Suche nach einer deutschen Form der Kurzgeschichte
Heinrich Böll: Wanderer kommst du nach Spa ... (1950)

In der Blütezeit der deutschen Kurzgeschichte im ersten Jahrzehnt nach dem Kriege läßt sich beobachten, wie die Autoren sich gegen die bloße Imitation der Amerikaner auflehnen und nach einer eigenen Form der Kurzgeschichte suchen. Dies ging soweit, daß sogar der Begriff »Kurzgeschichte« anders definiert wurde als der englische Begriff »Short story«. Das Suchen nach einer eigenen Form zeigt sich besonders deutlich bei Heinrich Böll, einem der ersten und bedeutendsten deutschen Meister dieser Form. Als er 1947 anfing, kurze Prosa zu veröffentlichen, hielt er sich in den ersten Jahren an das realistische Schema der amerikanischen Kurzgeschichte. Aber schon 1950 wandte er sich mit *Die schwarzen Schafe* der grotesken Satire zu; hierher gehören einige seiner bekanntesten Geschichten, u. a. *Doktor Murkes gesammeltes Schweigen*. 1952 veröffentlichte er dann *Die Waage der Baleks*, wobei er erneut das Genre wechselte und den Ton einer moralisierenden Legende anschlug. In *Unberechenbare Gäste* (1954) geht die Satire ins parabolisch-absurde Genre über, wie es Hildesheimer 1952 mit den *Lieblosen Legenden* eingeführt hatte, den wir in einem der folgenden Kapitel betrachten werden. Seine komplexeste Kurzgeschichte veröffentlichte Böll 1957 mit *Im Tal der donnernden Hufe*. Diese aus mehreren Handlungssegmenten zusammengefügte und aus zwei Perspektiven erzählte Geschichte ist im strengen Sinn schon keine Kurzgeschichte mehr, sondern eine nicht voll ausgeformte Novelle. Thematisch ist es eine typische Initiationsgeschichte, in der es um das Erwachen der Sexualität geht. Hemingway hätte die Geschichte so erzählt, daß die wahre Wirklichkeit, nämlich die entdeckte Sexualität und ihre erste Erfahrung, in den Mittelpunkt gerückt wären. Bei Böll aber geht es um die Überwindung des mit der Sexualität verbundenen Sündenbewußtseins. Damit liegt das Wahrheitszentrum von vornherein außerhalb der Geschichte. Es ist deshalb nur folgerichtig, daß er eine Form wählt, die der Novelle sehr nahe steht, bis hin zur symbolischen Funktion eines »Falken«, nämlich der Pistole, in der sich auf ambivalente Weise das Phallische mit dem Destruktiven verbindet. Die Geschichte zeigt auf sehr typische Weise noch eine andere Verbindung, die für Böll charakteristisch ist, nämlich die zwischen der realistischen Darstellung des rheinisch-katholischen Wohnküchenmiefs, den niemand besser geschildert hat als er, und dem angestrengten Bemühen um literarische Bedeutsamkeit.

Zu Bölls bekanntesten Kurzgeschichten zählt *Wanderer, kommst du nach Spa . . . .* Es ist eine der frühen Geschichten, in denen der Autor seine Kriegserfahrungen gestaltet hat. Ein schwerverwundeter junger Mann wird in ein zum Lazarett umfunktioniertes Schulgebäude gebracht. Während die

Sanitäter ihn auf der Bahre die Treppe hochtragen, sieht er auf dem Flur Gipsbüsten von Cäsar, Cicero und Marc Aurel stehen und an den Wänden eine Fotografie des Dornausziehers, Porträts von Nietzsche und Hitler und ein Bild aus der ehemals deutschen Kolonie Togo hängen. Es ist die übliche Mischung aus Kulturstereotypen, aus konservativem Patriotismus und nationalistischer Propaganda, wie sie zur Zeit des Nationalsozialismus in jeder Schule anzutreffen war. Zuletzt wird der Verwundete in den Zeichensaal gebracht, der als Operationssaal herhalten muß. Dort sieht er an der Tafel in einer eigenen Handschrift den verstümmelten Satz »Wanderer, kommst Du nach Spa . . .«, den er vor drei Monaten als Gymnasiast siebenmal in Kunstschrift untereinander geschrieben hatte und dessentwegen er vom Zeichenlehrer geadelt worden war, weil er sich die Tafelfläche so schlecht eingeteilt hatte, daß das »Sparta« nicht mehr ganz Platz hatte. Dann wird er aus seinen Verbänden ausgewickelt und muß erkennen, daß er keine Arme und kein rechtes Bein mehr hat. Dies ist eine der komprimiertesten Geschichten, die Böll geschrieben hat, obwohl es sein könnte, daß Leser, die den Krieg nicht selbst miterlebt haben, die Darstellung als zu drastisch empfinden. Hemingways karges Understatement ist möglicherweise auf Dauer wirkungsvoller als Bölls starke Effekte. Aber noch aus einem anderen Grunde wirkt die Geschichte weniger modern als die von Hemingway. Böll steigert sie auf einen Höhepunkt hin, er läßt sie nicht in einem Fokus der äußersten Dichte zusammenlaufen. Schon das Hinauftragen des Schwerverwundeten wirkt wie eine steigende Handlung. Der junge Mann sieht die Bilder und erkennt sie wieder, kann aber zunächst nicht sagen, ob es seine Schule ist, weil es in allen Schulen solche Bilder gab. Dann fragt er nach dem Namen der Stadt; es ist seine Heimatstadt. Aber die Stadt hat drei solcher humanistischer Gymnasien. Erst als er die eigene Schrift auf der Tafel sieht, hat er die Gewißheit, in seiner Schule zu sein. Wir haben es also mit dem klassischen Drei-Schritt-Schema zu tun. Der Eindruck der Steigerung wird dabei verstärkt durch die Detonationen der Artillerie und das Geräusch der brennenden Stadt. So baut sich Schritt für Schritt das Bild eines Infernos auf. Zuletzt kommt im Moment des Wiedererkennens der eigenen Handschrift noch die unüberhörbare Anspielung auf Belsazars Ende hinzu. In der Bibel erscheint dem babylonischen König ein Schriftzug an der Wand, dessen Wortlaut »Mene, mene tekel u-parsin« (in der traditionellen Kurzübersetzung: »gewogen und zu leicht befunden«) ihm sein Ende und die Teilung seines Reiches ankündigt. Der klassische patriotische Satz:

> Wanderer, kommst Du nach Sparta, verkündige dorten,
> du habest
> uns hier liegen gesehn, wie das Gesetz es befahl,

der an den heldenhaften Kampf des Leonidas und seiner Männer bei den Thermopylen erinnert und seitdem unzählige Male zur ideologischen Verbrämung von kriegslüsternem Nationalismus herhalten mußte, kehrt sich hier um in die Ankündigung einer Gottesstrafe. Und daß den Urheber der Schrift die gleiche Verstümmelung getroffen hat, die er achtlos dem Satz angetan hat, wird beim Auswickeln aus den Verbänden auf grausam makabre Weise zum Ausdruck gebracht. Zugleich wird dadurch mit bitterer Ironie auf das »Gewogen und zu leicht befunden« Bezug genommen. Die Schrift an der Tafel hat formal die Funktion eines die Geschichte zentrierenden Dings, verweist aber zugleich inhaltlich auf eine »Wahrheit« außerhalb des Erzählten. Damit gleicht ihre Funktion der eines »Falken« in einer Novelle. (Auch in Storms Novelle *Aquis submersus* hat eine Inschrift eine solche Strukturfunktion.) Der in drei »Akten« zum Moment des Erkennens hinführende Aufbau hat etwas Dramatisches und damit Novellenhaftes. In der Tragödie wäre dieser Moment die Anagnorisis. Das innere Drama läuft schnell und steil auf diesen Höhepunkt zu, nicht auf einen Fokus, der vom Leser erst entdeckt und durchschaut werden muß. Böll bediente sich in seinen frühen Werken nicht selten solch pointierter Zuspitzungen. In *Wo warst Du Adam*, seinem 1951 erschienenen ersten Roman, läßt er den

Helden unmittelbar vor Kriegsende in amerikanischem Granatfeuer sterben, als er auf ein Haus zurennt, von dessen First eine weiße Fahne weht. Während er zusammenbricht, bricht auch die Fahnenstange, und das weiße Tuch fällt auf den Sterbenden.

Das pointierte, mit starken Effekten arbeitende und um symbolische Vertiefung bemühte Erzählverfahren steht der älteren deutschen Tradition der Novelle noch sehr viel näher als der amerikanischen Kurzgeschichte, deren Leser so dick aufgetragene Bedeutsamkeit nicht schätzen. Deutsche Leser sind durch eine andere Tradition geprägt und werden Bölls Geschichte als eine der knappsten und intensivsten Darstellungen eines Kriegsgeschehens unvergeßlich im Gedächtnis behalten, zumal er in ihr, anders als Borchert in *Nachts schlafen die Ratten doch*, die Erzähleinstellung konsequent durchhält, so daß die Geschichte durchaus als auf ihre Weise vollendet gelten darf.

Situation ohne Fokus
Wolfdietrich Schnurre: Reusenheben *(1949/1954)*

> Der Boden war morastig und federte, wenn er den Fuß auf ihn setzte. Moos, Riedgras und Binsen wuchsen darauf; das Weidengebüsch war gut über mannshoch.
> Er wollte versuchen, den Kahn flottzubekommen und heimlich ein paar Reusen zu heben; bloß so, mal reinsehen, nichts weiter. Denn es mit nach Hause zu nehmen, das Fischzeug, das ging nicht; dann wäre es ja rausgekommen, daß er die Schule geschwänzt hatte.   (S. 14)

Dies ist ein typischer Anfang für eine moderne Short story: eine namenlose, aber durch das Pronomen eindeutig bestimmte Person, eine auf diese Person bezogene Erlebnisperspektive und ein Weltausschnitt von realistischer Alltäglichkeit. Auch im Sprachstil erweist sich Wolfdietrich Schnurre als ein moderner Kurzgeschichtenschreiber. Und doch kommt die Geschichte rasch an einen Punkt, wo sie von keinem amerikanischen Autor so geschrieben worden wäre.

Der die Schule schwänzende Junge sieht plötzlich einen Mann, der eine Frau erwürgt. Als sie reglos daliegt, fragt der Junge arglos:

>»Ist sie tot?«
>»Ja«, sagte der Mann.
>»Warum hast du sie totgemacht?«
>Der Mann bückte sich und sah blinzelnd in die Weiden büsche ringsum. »Bist du allein?«
>»Ja«, sagte Willi.
>Der Mann kam näher.
>Willi sah an ihm vorbei auf die Frau. »Mochtest du sie nicht?«
>»Nein«, sagte der Mann. (S. 15)

Der Leser wird erwarten, daß der Mörder nun versucht, den Zeugen zu beseitigen. Diese Erwartung wird durch einige Verdachtsmomente geweckt und bleibt die ganze Geschichte hindurch als wesentliche Spannungsquelle bestehen. Doch nichts dergleichen geschieht. Statt dessen hilft der Junge dem Mann, die Leiche zu versenken, und benutzt die Gelegenheit, in ein paar der ausgelegten Fischreusen zu schauen. Der angedeutete Impuls des Mannes, auch den Jungen umzubringen, führt nicht zur Tat. Was ihn zurückhält, geht aus der Geschichte nicht hervor.

Stilistisch und erzähltechnisch ist die Geschichte bis in die lakonischen Dialoge hinein nach dem Muster von Hemingways Short stories geschrieben. Und doch hätte sie nie von Hemingway sein können; denn bei diesem konzentriert sich das ganze Interesse darauf, wie Personen auf bestimmte Situationen oder Ereignisse reagieren. Ihm geht es nicht darum, das objektive Geschehen mit Symbolgehalt aufzuladen. Benno von Wiese, der Wolfdietrich Schnurres Geschichte in seine Anthologie *Deutschland erzählt* (1962) aufgenommen hat, schreibt dazu im Vorwort:

Schnurre wiederum in *Reusenheben* spiegelt reizvoll ein Ereignis von zwei ganz verschiedenen Perspektiven aus, der eines Mörders und der eines die Schule schwänzenden Kindes, und versetzt so den Vorgang in eine schwebende Vieldeutigkeit zwischen Tragik und Humor.

(Frankfurt a. M.: S. Fischer, Fischer Bücherei 500, S. 16)

Hier wird ein Mord zum »reizvollen« Anlaß für »schwebende Vieldeutigkeit zwischen Tragik und Humor« erklärt. Wenn einer der einflußreichsten Germanisten der Nachkriegszeit so etwas schreibt, dann wird darin deutlich, wie sehr die deutsche Literaturwissenschaft durch ihre klassisch-romantische Tradition geprägt ist, die prinzipiell auf uneigentliche, d. h. symbolische Aussage ausgerichtet war. Deshalb konnten die Dichter Realitätspartikel ohne Rücksicht auf psychologische Glaubwürdigkeit zu symbolischen Strukturen umformen, an denen sich dann eine allgemein-menschliche und nicht bloß individuelle Problematik ablesen ließ. Diese deutsche Tradition scheint auch bei Schnurre durch. Er schreibt zwar eine realistische Kurzgeschichte, versucht aber ganz offensichtlich, darin eine tiefere uneigentliche Struktur anzulegen. Er tut es, indem er zwei Situationen von Rechtsverstößen miteinander kontrastiert. Auf der einen Seite steht der Mörder, auf der anderen der Junge, der die Schule schwänzt und ein schlechtes Gewissen hat, weil er unbefugt in fremden Reusen herumschnüffelt. Wie die Fische durch die Reusen, so sind die Reusen durch den Jungen, der Junge durch den Mörder und der Mörder durch die Strafverfolgungsbehörde bedroht. Das Fischefangen ist gestattet, das unbefugte Reusenheben schon verboten und der Mord ein Verbrechen. Flankiert wird diese Hierarchie von Recht und Rechtsverstößen durch das Vergehen des Schulschwänzens einerseits und das Verbrechen des Mordes andererseits. Nun verfangen sich in den Reusen auch andere Tiere, nämlich Enten und Wasserratten, so wie sich der harmlose Schulschwänzer in den Maschen der gleichen Ordnung verfängt, die die Gesellschaft vor Menschen wie dem Mörder schützen soll. Während der Junge vor der Obrigkeit wegen seines Vergehens Angst hat, setzt er sich gleichzeitig ahnungslos der Gefahr aus, von dem Mörder beseitigt zu werden. Damit wird auf makabre Weise die Relativität der Rechtsordnung vorgeführt.

Aus dieser Situation hätte sich eine geistvolle Satire oder eine gedankenschwere Parabel machen lassen, aber sie eignet sich kaum für eine psychologisch glaubwürdige Kurzgeschichte. Von einer solchen erwartet der Leser, daß sie entweder menschlichem Normalverhalten entspricht oder daß ihr normabweichendes Verhalten als motiviert erscheint. Schnurre hat weder eine Kurzgeschichte der einen noch der anderen Art geschrieben. Jedes normale Kind, das Augenzeuge eines Mordes wird, wäre entsetzt; und selbst ein völlig abgebrühter Junge hätte zumindest genug Lebenserfahrung, um zu befürchten, als Zeuge beseitigt zu werden. Ebensowenig ist die Seelenruhe nachzuvollziehen, mit der der Mörder die Leiche wegschafft. Schnurre setzt einen extrem sensationellen Effekt ein, läßt diesen aber in der Geschichte völlig wirkungslos stehen, weil eine emotionale Bewältigung des Wahrgenommenen durch den Jungen im Erzählraum von sechs Seiten gar nicht zu leisten war. Offensichtlich kam es dem Autor auf eine Bewältigung auch gar nicht an, sondern auf das Aufbrechen allzu simpler Vorstellungen von Recht und Unrecht. Die moderne Situationsgeschichte verlangt aber genau das, was er ausgelassen hat, nämlich die Darstellung einer Situation als Erfahrung.

Man braucht nur einmal zum Vergleich einen Blick auf Hemingways Kurzgeschichten zu werfen, und man wird den Unterschied leicht erkennen. Auch Hemingway hat seinen Nick Adams wiederholt mit Gewalttaten konfrontiert. Am Beispiel von *Die Killer* zeigten wir, wie diese Erfahrung für Nick zu einem weiteren Schritt der Initiation ins Erwachsenenleben wird. In der Geschichte *Indianerlager* wird Nick Zeuge, wie sein Vater als Arzt mit einem Taschenmesser und ohne Narkose an einer Indianerin einen Kaiserschnitt durchführen muß. Der Mann der Indianerin kann den Anblick nicht ertragen und wird nach erfolgreich verlaufener Operation unter seiner Decke mit durchschnittener Kehle aufgefunden. Das sind noch sensationellere Ereignisse als in Schnurres Geschichte; aber sie werden bei Hemingway psychologisch in Erfahrung umgesetzt, durch die Nick zum Manne reift. Bei Schnurre dagegen bleibt die Mordtat für den Jungen völlig wirkungslos. Alle Elemente: der Mörder, der Mord, der Junge und das Reusenheben werden wie Chiffren behandelt, aus denen der Leser eine tiefere Bedeutung herauslesen soll. Dafür hätte die Geschichte aber entweder als Novelle oder in der Art Kafkas, Hildesheimers oder Dürrenmatts geschrieben werden müssen. Da sie wie eine Hemingway-Geschichte geschrieben wurde, ist sie in sich nicht stimmig.

Formal zeigt sich das daran, daß die Geschichte keinen Fokus hat. Schnurre vertraut offensichtlich so fest auf den eingezogenen doppelten Boden, daß er darauf verzichtet, die Aussage der Geschichte an einer verdichteten Stelle hervortreten zu lassen. So muß der Leser parallel zur Oberfläche die tiefer angelegte Aussage mitlesen. Dem steht aber die realistische Erzählweise im Wege. Wer die Geschichte als eine realistische liest, muß die Bagatellisierung des Mordes als zynische Geschmacklosigkeit empfinden, so wie ein Leser, der die Optik der deutschen Literaturwissenschaft nicht kennt, den oben zitierten Satz Benno von Wieses als Geschmacklosigkeit empfinden muß. Da der gebildete deutsche Leser jedoch auf Grund seiner nationalen Literaturtradition gewohnt ist, in dichterischen Werken nach einem doppelten Boden zu suchen, fand auch diese Geschichte bei Deutschlehrern Gefallen (und einige haben darüber sogar Aufsätze geschrieben). Es ist aber sehr zweifelhaft, ob englische oder amerikanische Leser sich mit ihr anfreunden können. Sie würden erwarten, daß die dargestellte Situation entweder wie bei Hemingway psychologisch in Erfahrung umgesetzt wird oder daß der doppelte Boden durch eine Abkehr von der realistischen Erzählweise kenntlich gemacht wird. Es dürfte nicht allzu schwer sein, sich vorzustellen, wie

Faulkner daraus einen Ausschnitt aus einer düsteren, vor Gewalttat beherrschten Welt gemacht oder wie Roald Dahl die Geschichte ins Makabre verfremdet hätte. Viele Möglichkeiten wären denkbar. Doch die von Schnurre gewählte Erzählweise wäre wohl nicht darunter, da sie für englische oder amerikanische Leser höchst unbefriedigend sein muß. Als realistische Geschichte ist sie psychologisch vollkommen unglaubwürdig, und als parabolische gibt sie sich nicht zu erkennen.

Die parabolische Kurzgeschichte
Wolfgang Hildesheimer: Atelierfest *(1952)*

Zwei Jahre nach Bölls erstem Sammelband von Erzählungen, deren Titelgeschichte wir untersucht haben, erschienen Wolfgang Hildesheimers *Lieblose Legenden*, die der Autor zehn Jahre später in erweiterter und überarbeiteter Fassung neu herausbrachte. Sie zählen nicht nur zu den erfolgreichsten kurzen Erzählungen im deutschen Sprachraum, sondern stehen modellhaft für einen Erzähltyp, der neben die realistische Kurzgeschichte nach amerikanischem Vorbild eine aus der deutschen Tradition heraus gewachsene Form stellt. Es ist eine Erzählweise, die die Wirklichkeit bis ins Absurde verfremdet, also buchstäblich ad absurdum führt und dadurch eine parabolische Wirklichkeit schafft, die teils als Satire auf die Realität, teils aber auch als schwer deutbare Chiffre für menschliche Grundsituationen gelesen werden kann. Die Geschichten Martin Walsers stehen in der gleichen Tradition, und auf andere Weise auch die von Ilse Aichinger. Der Ahnherr, den wohl jeder Leser sofort dahinter spüren wird, heißt Franz Kafka. Damit soll nicht gesagt werden, daß diese Autoren Nachahmer Kafkas waren. Das einzige, was sie mit ihm verbindet, ist eine Erzählweise, die die Wirklichkeit nicht linear abbildet, sondern wie mit einem Parabolspiegel verfremdet, so daß eine neue Wirklichkeit entsteht.

deren Bedeutung der Leser außerhalb des Dargestellten suchen muß. Damit wären diese Geschichten nach unserer Definition keine Kurzgeschichten, und aus Gründen terminologischer Klarheit wäre es besser, einen anderen Begriff zu wählen. Da es aber in der deutschen Literaturwissenschaft üblich ist, auch hier von Kurzgeschichte zu sprechen, wollen wir sie zur besseren Unterscheidung wenigstens als parabolische Kurzgeschichte von der realistischen abgrenzen.

Daß der Geist Kafkas durch Hildesheimers »Legenden« weht, wird der Leser spätestens beim Titel der zweiten Geschichte erkennen, welcher lautet: *Ich schreibe kein Buch über Kafka*. Man kann daraus mit gutem Recht auch eine Distanzierung von Kafka herauslesen. Anders als Kafka geht Hildesheimer nicht von einem plötzlichen Einbruch des Fremden, Irrealen in die Realität aus, sondern von einer scheinbar realen Wirklichkeit, die sich langsam und fast unmerklich verändert, bis sie auf einmal fremd und irreal wirkt. Der Fiktionsmodus ist dabei zunächst der satirische. Ein Stück Realität wird auf ein bestimmtes Merkmal hin reduziert, und dieses wird danach einseitig übertrieben. Doch Hildesheimer geht noch einen Schritt weiter. Er treibt das isolierte Merkmal über die Grenzen des realistisch Möglichen hinaus und führt es damit ad absurdum. *Das Atelierfest* ist ein typisches Beispiel für dieses Verfahren. Die Geschichte beginnt damit, daß der Erzähler sich über den Lärm in einem an seine Wohnung angrenzenden Atelier beklagt. Er hat deswegen schon den Hauswirt gerufen und ihn durch eine Ritze in der Rückwand seines Kleiderschranks sehen lassen. Von dort kann man nämlich durch ein Loch in der Mauer, »von der Größe eines Bullauges«, in das Atelier schauen, in dem eine nicht endende Party gefeiert wird. Danach erfährt der Leser, daß das Atelier ursprünglich zur Wohnung des Erzählers gehört hat, der selbst Künstler ist. Just an dem Tage, als er nach einer längeren Schaffenskrise wieder den Entschluß zum Malen gefaßt hat, dringt zuerst seine Mäzenin in seine Wohnung, während gerade ein Glaser mit Reparaturen darin beschäftigt ist. Dann folgt ein ihm unbekanntes Ehepaar, und danach füllt sich sein Atelier mit immer mehr fremden Menschen. Schließlich kann er sich in dem engen Gedränge nur noch dadurch befreien, daß er ein Loch in die Wand schlägt und mitten in der Nacht in das Schlafzimmer der Nachbarn eintritt, die er mit »gewaltiger Beredsamkeit« einlädt, an seinem Fest teilzunehmen. Nachdem sie sich durch das Loch gezwängt haben, schiebt er den Kleiderschrank davor und ist zum erstenmal wieder allein. Er schläft sich erst einmal aus, doch als er am späten Nachmittag erwacht und durch das Loch schaut, »war das Fest noch in vollem Gange, und ich wußte, daß es nun für immer weitergehen würde«. Das Kafkaeske an dieser Geschichte springt unmittelbar ins Auge. Auch Kafka hat immer wieder Situationen geschildert, in denen die Außenwelt in die Privatsphäre eines Menschen einbricht und ihn zum Objekt eines rational nicht verstehbaren Geschehens macht. Aber bei ihm erscheint die einbrechende Macht als etwas vollkommen Fremdes, gleichsam Metaphysisches, als das Objektive schlechthin, dem der Mensch als Subjekt in einem unauflöslichen metaphysischen Dilemma ausgeliefert ist. Bei Hildesheimer sind die beteiligten Sphären sehr viel konkreter und lassen sich unmittelbar auf die Erfahrungswelt beziehen. Der Künstler lebt – wie es zum Wesen des Künstlertums gehört – in extremer Subjektivität. In diese bricht die umgebende Gesellschaft ein, und zwar zunächst in Gestalt von Menschen, auf die der Künstler angewiesen ist. Da ist zuerst der Glaser, der einige zerbrochene Fensterscheiben auswechseln soll. Er hilft dem Künstler damit, sich von der Außenwelt abzuschließen. Doch als der Glaser ihm erzählt, daß er ebenfalls malt – wobei er durchblicken läßt, daß er von seiner Laienmalerei mehr hält als von der angeblichen Kunst seines Auftraggebers –, reagiert der Künstler mit herablassender Ablehnung. Als nächstes dringt die Mäzenin in das Atelier, auf die der Künstler finanziell angewiesen ist, die aber nichts von seiner Kunst versteht. Danach folgt ein namenloser Schwarm von Menschen, die ganz offensichtlich die Gesellschaft in ihrer Anonymität darstellen sollen. Vor ihr kann sich der Künstler paradoxerweise nur dadurch retten, daß er sich in die intime Geborgenheit der Spießer rettet, nämlich ins Schlafzimmer der Gießlichs, die er nun umgekehrt für das Fest erwärmt.

> [. . .] ja, es gelang mir sogar, sie zu überreden, sich nicht erst anzuziehen und in Nachtgewändern hinüberzuschlüpfen, indem ich sagte, drüben seien alle recht leicht bekleidet. Das war zwar eine Lüge, aber ich verspürte das wachsende Bedürfnis, nun endlich allein zu sein.
> Sie standen von ihren Betten auf. Herr Gießlich hatte einen gestreiften Pyjama an, sie trug ein Nachthemd. Er half ihr in den Morgenrock wie in einen Abendmantel und lief, nun schon ungeduldig, auf und ab, während sie sich vor ihrem Toilettenspiegel das Haar kämmte. Es war mir tatsächlich gelungen, in ihnen Feuer und Flamme zu entfachen; nachträglich fragte ich mich, welche der Verlockungen wohl den Ausschlag gegeben hatte: die menschenfreundlichen Eigenschaften der Künstler? Oder die Gegenwart adliger Mäzene? Wenn ich durch das Loch schaue, denke ich allerdings, daß es wohl doch die Sache mit der leichten Bekleidung war, die in erschreckendem Maße zur Wahrheit wird. (S. 126)

Hier wird mit subtiler Ironie das Paradox vorgeführt, daß der Künstler in seinen Werken ein Höchstmaß an Innerlichkeit objektiviert, wobei er sein Inneres durch den objektiven Charakter des Werkes gegen die Außenwelt schützt. Die Außenwelt aber, nämlich die Gesellschaft, stürzt sich auf sein Werk und sucht darin das Intime, das er hinter der Form verbergen will. In der Geschichte wird diese Indiskretion der Kunstrezeption in grotesker Übertreibung dadurch zum Ausdruck gebracht, daß das Interesse der Gießlichs offensichtlich am meisten durch die leichte Bekleidung geweckt wird. Und dieses lüsterne Interesse der Spießer trägt nun dazu bei, daß die Entkleidung auf der Party immer weiter voranschreitet. Damit wird die Geschichte zu einer Parabel über die Paradoxie der Kunst und zugleich über ihren Verfall. Kunst ist Einkleidung der Wahrheit in den ästhetischen

Schleier der sinnlichen Form, wie Goethe es mit der Formel »Der Dichtung Schleier aus der Hand der Wahrheit« ausdrückt. Der kunstferne Spießer sieht aber die Form nicht und will nur die nackte Wahrheit. Das Ergebnis ist Kitsch und Pornographie. Der Künstler kann sich aber aus diesem Dilemma nicht herauswinden; denn er muß, ob er will oder nicht, in einem gewissen Maß Exhibitionist sein. Bezeichnenderweise befand sich Hildesheimers Künstler in der Zeit, als er sein Atelier für sich hatte, in einer Schaffenskrise; erst als er wieder den kreativen Impuls spürte, sich künstlerisch mitzuteilen, war er dem Eindringen der Außenwelt ausgesetzt.

Unsere Interpretation mag den Eindruck erwecken, als habe Hildesheimer eine schwerverständliche philosophische Allegorie geschrieben. Tatsächlich ist es aber eine Geschichte, die den glasklaren Stil Kafkas mit der subtilen Ironie Thomas Manns verbindet. Die erste Schicht darin ist zweifellos die satirische. Das eitle Getue auf Vernissagen, die Prominentensucht der Spießer und der Drang zu exhibitionistischer Entblößung: alles dies wird indirekt aufs Korn genommen. Doch da Hildesheimer nicht nur die satirische Geißel schwingt, sondern den Sachverhalt wie mit Röntgenblick auf das darin offenbarwerdende Dilemma reduziert, erhält die Geschichte einen doppelten Boden, den wir oben freizulegen versuchten. Während sich bei Kafka dieser doppelte Boden als bodenlos erweist, hat er bei Hildesheimer einen klar erkennbaren Realitätsbezug. Insofern könnte man vielleicht unsere Formel von der »wahren Wirklichkeit« auf diese Art von Geschichten noch anwenden und sie mit dem Zusatz »parabolisch« als eine Sonderform von Kurzgeschichte gelten lassen.

Die Wurzeln dieses Typs von Kurzgeschichte liegen in der Romantik. E. T. A. Hoffmann gehört zu ihren Ahnen. Wahrscheinlich ist die heimische Tradition der Grund dafür, daß diese Form auch in der deutschen Nachkriegsliteratur noch so stark verbreitet ist und daß in ihr, wie es scheint, bedeutendere künstlerische Leistungen erreicht wurden als

n der amerikanischen Form der Kurzgeschichte. Sie scheint
auch in den romanischen Literaturen bevorzugt zu werden.
n der italienischen gehört Pirandello zu ihren Meistern.
Auch der Argentinier Borges darf hier nicht unerwähnt bleiben.

Die monologische Kurzgeschichte
Gabriele Wohmann: Schöne Ferien *(1968)*

Neben der vor allem durch Böll und Schnurre vertretenen
realistischen Kurzgeschichte und der von Hildesheimer
maßgeblich geprägten parabolischen Geschichte gibt es in
der deutschen Nachkriegsliteratur einen dritten Kurzge-
schichtentyp, der ebenfalls stark von den amerikanischen
Vorbildern abweicht. Es sind Geschichten, in denen sich das
Erzählersubjekt nicht in konkreter Fiktion objektiviert, sondern wie in der Lyrik im Darstellungsmodus der subjektiven
Expression verharrt. In der amerikanischen Kurzgeschichte
wird diese Form der Innenperspektive auffällig gemieden.
Dort wird für den Erzähler eine gleichbleibend kurze
Distanz angestrebt. Er soll weder als Magier über einer parabolischen Fabel stehen, noch soll er als erlebendes Subjekt in
der Geschichte aufgehen. Vielmehr soll er entweder abwesend sein oder als Erzähler im wörtlichen Sinn die Geschichte jemandem erzählen, d. h., sie dem Leser oder Zuhörer mitteilen. In der deutschen Nachkriegsliteratur kam
nun eine Form der Kurzgeschichte auf, die aus amerikanischer Sicht diese Bezeichnung gar nicht verdient, da sie keine
Geschichte erzählt, sondern einen Ausschnitt aus dem
Bewußtsein des Erzählers artikuliert. Dies Verfahren hat
wenig Episches an sich, es trägt eher lyrisch-dramatische
Züge, da der Text wie ein dichterisch ausgeformter Monolog
gestaltet ist. Es fällt auf, daß diese monologische Form der
Kurzgeschichte vor allem von Frauen geschrieben wird.
Ingeborg Bachmanns Geschichte *Alles* (1961) ist ein frü-
hes Beispiel. Marie Luise Kaschnitz und Ingeborg Drewitz

wären ebenfalls zu nennen. Besonders auffällig ist die Nei
gung zur monologischen Erzählform bei Gabriele Woh
mann, deren sehr kurze Geschichte *Schöne Ferien* dafür ei
typisches Beispiel ist.

> Schöne Ferien, zum ersten Mal wieder, seit ich mi
> Asmus zusammen bin. Die unveränderte Bucht gefie
> mir neuerdings. Wie lange hatte ich nicht mehr etwa
> wie Waten im Wasser genossen.   (S. 37

Schon dieser Anfang läßt eine sehr subjektive Erzählun
erwarten. Auf den dann folgenden dreieinhalb Seiten erfähr
der Leser nichts, was die Bezeichnung einer Geschichte ver
dient. Es ereignet sich nichts, es wird keine gespannte Situa
tion zur Lösung gebracht, es wird überhaupt nicht richti
erzählt, denn das, was das erzählende Ich spricht, ist an kei
nen imaginären Zuhörer gerichtet. Es ist ein stummes Selbst
gespräch. Aber nicht einmal diese Bezeichnung ist zutref
fend; denn im stummen Selbstgespräch redet sich der Spre
cher selber an, er setzt sich mit sich selber auseinander. Da
Ich dieser Erzählung aber spricht nicht mit sich selber. E
spricht auch nicht einfach aus, was ihm durch den Kopf geh
sondern führt das, was es sagt, planvoll wie in einem Gedich
auf einen Zielpunkt, eine Pointe hin. Der Leser erfährt näm
lich, daß das Ich, in diesem Fall eine Frau, zum ersten Ma
wieder die Ferien genießt, weil nämlich ihr Mann Asmu
nicht dabei ist, der sie offensichtlich durch seine bloße Anwe
senheit einengt, der sie stört, wenn er über ihre verkorkste
Fingernägel schimpft, und den ihr Barfußlaufen bei kalte
Wetter wütend gemacht hätte. Anstelle von Asmus hat si
nun Heinz Pfitzner, mit dem sie nach einer Woche per du is
und der von ihr Nelson genannt werden möchte. Nelson is
alles, was Asmus nicht ist: liebenswürdig, nachsichtig, de
Kindern zugewandt.

> Von Nelson geht Ruhe aus, daran liegt es. Ich werd
> mich im Verlauf dieser Ferien erholen. Sogar Nelson z
> lieben strengt kaum an.   (S. 37

Der Leser wird nun die Urlaubsliebelei einer frustrierten Ehefrau erwarten. Doch nichts geschieht. Nelson wird beschrieben und kommentiert, aber er tritt nicht auf. Dann endet die zwischen Präteritum und Präsens hin und her schwankende Erzählung folgendermaßen:

> Es kommt aber vor, daß ich aus heiterem Himmel erschrecke; dreh dich nicht um, sage ich mir, Asmus steht hinter dir. Ich halte den Atem an und warte ab. Irgend jemand von der Familie ruft mir dann zu: Was ist los mit dir? Schläfst du am hellen Tag? Und sie lachen miteinander – aber ohne Nelson. Sie hat die Augen zu, seht nur! Auch Asmus lacht nicht mit. Für Launen hat er nichts übrig. Jetzt rufen sie: Hallo Asmus, kümmere dich gefälligst mal um deine Frau, weck sie auf, los! Ich lasse die Augen zu. Bei geschlossenen Lidern, ruhig, ruhig, verwöhnt mich Nelson, meine Erfindung. (S. 38)

Mit diesem Surprise-ending wird plötzlich die ganze vorausgegangene Sequenz als ein Wachtraum der Frau enthüllt, die sich ausmalt, wie wirkliche Ferien sein könnten: einmal ausbrechen aus dem Käfig der lieblosen Bevormundung durch den Ehemann und wieder einmal als Person und als Frau anerkannt werden durch einen Mann, der sich um sie bemüht. Das wird man kaum als Geschichte bezeichnen können. Zu einer solchen gehört nicht unbedingt, daß sie wirklich geschieht. Zumindest aber muß der Wachtraum als fingierte Wirklichkeit nach außen treten, er muß dem Leser als Fiktion gegenüberstehen. Hier aber beobachten wir eine Erzählerin beim Fingieren des Wunschtraums, ohne daß sich dieser von ihr ablöst und zu einer Geschichte wird. Es ist auch keine Szene, wie sie Tschechow in seinen kürzesten Geschichten so meisterhaft gestalten konnte. Es ist nur die monologische Darstellung des Bewußtseins einer Frau, die sich eine Geschichte erfindet. Dieser letzte Satz erinnert natürlich an Max Frischs Roman *Mein Name sei Gantenbein*. Dort fällt der vielzitierte Satz »Jeder Mensch erfindet irgendwann eine Geschichte, die er für sein Leben hält«, und der ganze Roman zeigt, wie der Held sich aus erfundenen Geschichten ein Leben konstruiert. Gabriele Wohmanns Erzählerin bekennt sich aber nicht zu Frischs Credo. Im Gegenteil, sie sehnt sich nicht nach einer Geschichte, sondern nach deren Wirklichkeit. Und die triste Pointe ihrer Geschichte ist gerade das Ausbleiben dieser Wirklichkeit. So geht es hier also nicht um die Konstruktion des Lebens aus immer neuen Geschichten, sondern um die Sehnsucht nach einer anderen Wirklichkeit. Und da diese ausbleibt, kann es auch nicht zu einer erzählenswerten Geschichte kommen.

Das Thema, das Gabriele Wohmann immer wieder aufgreift, ist die »verstopfte« Beziehung der Frau zum Mann, wobei die physische Verstopfung zur Metapher für die seelische wird. Manchmal schleicht sich dabei ein Ton von Larmoyanz ein. Oft aber gelingt es ihr, mit subtiler Ironie das entfremdete Verhältnis der Frau zum Mann und zu ihrer Umgebung freizulegen. Allerdings bleibt es dabei fast immer bei einer unbestechlichen Diagnose, auf die keine Lösung der aufgezeigten Spannung mehr folgt. Eine solche Lösung könnte darin bestehen, daß die seelische »Verstopfung« in Form einer Geschichte ausagiert wird. Doch die Unfähigkeit zu solchem Ausagieren ist gerade das Thema und das Fehlen echter Geschichten damit die notwendige Folge.

Die Schlußgeschichte aus dem gleichen Band, die den Titel *Geben und Nehmen* trägt, ähnelt in ihrer Ausgangssituation Hildesheimers *Atelierfest*. Ein Ehepaar wird in einer italienischen Künstlerkolonie von einem Tapezierer aus dem Schlaf gerissen, der im Atelierraum der Wohnung neben dem Schlafzimmer zu arbeiten beginnt. Er wird begleitet von der Wirtschafterin, die die Durchführung der Reinigungs- und Renovierungsarbeiten beaufsichtigt. Die Ehefrau, die die Geschichte erzählt, fühlt sich beobachtet und zeigt ständig eine gereizte Abwehrhaltung sowohl gegenüber der Wirtschafterin als auch gegenüber ihrem Mann. Während Friedhelm, ihr Mann, ruhig weiterschläft, ist sie der Irritation durch die Außenwelt ausgesetzt, fühlt sich unterlegen und verunsichert. Später spielt sie mit ihrem Mann ein Herr-Diener-Spiel, das offensichtlich zu einem festen Ritual zwischen den beiden geworden ist. Ihr Mann befiehlt ihr, gibt ihr sogar einen Fußtritt, während sie nie ganz sicher ist, ob sie das, was sie eigentlich für richtig hält, auch tun soll oder darf. Sie beobachtet durchs Fenster, wie eine Frau von einem wackeligen Sockel aus die Scheiben putzt. Sie will einen Unfall verhindern und die Wirtschafterin auf die unmöglichen Arbeitsbedingungen aufmerksam machen. Doch ihr Mann untersagt es ihr. Der Unfall, also das, was eine Geschichte ergeben könnte, geschieht wirklich. Doch die Frau wendet sich ab, flieht aus dem Haus und verdrängt die Geschichte, der sie sich nicht gewachsen fühlt. Während Hildesheimer das Ausgesetztsein des Künstlers gegenüber der Gesellschaft parabolisch in eine Geschichte verwandelt, ist bei Gabriele Wohmann das Abblocken der Geschichte das eigentliche Thema. Die Unfähigkeit, sich in einer eigenen Geschichte zu realisieren, zeigt das Dilemma der Frau auf, die in ihrer Selbstverwirklichung blockiert ist. Da dies das zentrale Thema der Wohmann ist, wundert es nicht, daß sie eine monologische Erzählform verwendet, deren Merkmal gerade darin besteht, daß sie subjektives Bewußtsein ausdrückt, ohne es in objektive Fiktion zu verwandeln.

Damit sind wir wieder am Anfang unseres Buches, das mit einem Kapitel über die drei Grundgattungen begann. Die Novelle tendiert zum Dramatischen, die Erzählung zum Epischen. Die moderne Situationsgeschichte scheint eine Affinität zur Lyrik zu haben. Die Sprachkunst der *Dubliner* von Joyce ließ dies bereits ahnen. Vielleicht bahnt sich in dieser Tendenz ein Ausweg aus der vielbeschworenen Krise des Erzählens an. Dann aber wäre die deutsche Kurzgeschichte aus der Epigonenrolle in die Rolle der Vorhut geschlüpft, und es wäre gerechtfertigt, die Kurzgeschichte von der Short story abzusetzen und als eigene Form zu definieren (wenn sie auch keine Geschichte mehr ist).

Die Kurzgeschichte im Unterricht

Kurzgeschichten werden im Unterricht mit Vorliebe unter inhaltlich-thematischen Aspekten behandelt und weniger in Hinblick auf ihre narrative Form. Das wird schon dadurch nahegelegt, daß sich viele Geschichten zu wenigen thematischen Gruppen zusammenfassen lassen, z. B. Kriegs- und Nachkriegsgeschichten, Initiationsgeschichten und Beziehungsgeschichten, die das zum Gegenstand haben, was man heutzutage flapsig als Beziehungskiste bezeichnet. Diese drei Gruppen machen den weitaus größten Teil der modernen Situationsgeschichten aus, die in Anthologien anzutreffen sind. Es ist verständlich, wenn Lehrer versuchen, an die Erfahrungswelt der Schüler anzuknüpfen und gemeinsam mit ihnen die Widerspiegelung solcher Erfahrungen in der Literatur aufzuzeigen. Allerdings tritt dann das Entscheidende, nämlich die Erzählkunst, oft ganz in den Hintergrund. Poetische Literatur sollte aber nicht zu ihrem Materialwert verschleudert werden, schon gar nicht in der Schule, wo in Schülern die Wahrnehmungsfähigkeit für das Spezifische der Dichtung erst ausgebildet werden muß. Deshalb hätte der Literaturunterricht den Hebel gerade andersherum anzusetzen. Statt den Schülern eine Geschichte vorzulegen und ihnen die darin gestaltete Wirklichkeitserfahrung aufzuzeigen, sollte man umgekehrt von der Wirklichkeitserfahrung ausgehen und die Schüler darüber nachdenken lassen, wie diese Erfahrung am besten und wirkungsvollsten dargestellt werden kann. Dies wäre der erste Schritt weg vom bloß rezeptiven und hin zu einem kreativen Umgang mit der Literatur. Der letzte Schritt in dieser Richtung wäre das Schreiben einer eigenen Kurzgeschichte. Wenn man Schüler dazu gebracht hat, haben sie mehr von Literatur mitbekommen als durch jede noch so subtile literaturwissenschaftliche Analyse einzelner Kurzgeschichten. Deshalb muß man sie immer wieder auf die Fragen lenken, wie Kurzgeschichten gemacht sind, warum sie so gemacht sind und was die Machart bezweckt. Nur wenn die Schüler am konkreten Beispiel die Wirkung eines Kunstgriffs erkennen, werden sie den Kunstgriff als solchen wahrnehmen und darin nicht nur eine schöngeistige Spitzfindigkeit ihres Lehrers sehen. Die Überbetonung des Thematischen steht also dem, worauf es eigentlich ankommt, im Wege. Deshalb sollte man bei der Auswahl von Kurzgeschichten weniger auf deren Aktualität als vielmehr auf ihre künstlerische Qualität achten.

Das eben Gesagte berührt ein weiteres Problem, das gerade aus der Behandlung von Kurzgeschichten im Deutschunterricht erwächst. Da Kurzgeschichten in Deutschland kaum von der lesenden Öffentlichkeit wahrgenommen werden und folglich dem kritischen Reflexions- und Filtrationsprozeß weitgehend entzogen sind, haben sie in den Schullektüren ihre eigene Tradition etabliert. Das hat dazu geführt, daß viele Werke nur deshalb tradiert werden, weil sie sich im Unterricht gut behandeln lassen oder weil sie schon so oft behandelt worden sind. Am Ende steht dann ein Kanon von Werken, die unbefragt als gut gelten, weil sie schon seit Jahrzehnten für gut gehalten werden. Diese kritiklose Verfestigung eines kanonisierten Bestands immer wieder behandelter Kurzgeschichten hat wahrscheinlich mit dazu beigetragen, daß die deutsche Kurzgeschichte bisher kein Niveau erreicht hat, das mit dem der angelsächsischen vergleichbar wäre. Der Literaturunterricht sollte seine vornehmste Aufgabe darin sehen, durch systematische Geschmacksbildung den Boden zu bereiten, auf dem gute Literatur gedeihen kann. Das bedeutet, daß sowohl Anbiederung an den noch nicht entwickelten Geschmack der Schüler als auch das bloße Dekretieren von Geschmacksnormen unterbleiben muß. Guter Geschmack ist die verinnerlichte Form des ästhetischen Urteilsvermögens. Dieses gilt es im Schüler auszubilden; denn nur das wird in ihm dauerhaften Appetit auf gute Literatur wecken.

Quellenverzeichnis der zitierten Texte

30 *»Wissen Sie was«, sagte Goethe:* Johann Peter Eckermann: Gespräche mit Goethe in den letzten Jahren seines Lebens. In: Johann Wolfgang Goethe, Gedenkausgabe der Werke, Briefe und Gespräche. Hrsg. von Ernst Beutler. Bd. 24. Zürich: Artemis 1948. S. 225.

31 *Deswegen muß es nun auch in der modernen Poesie:* August Wilhelm Schlegel: Über die Novelle. In: Theorie der Novelle. Hrsg von Herbert Krämer. Stuttgart: Reclam 1976. (Arbeitstexte für den Unterricht. Reclams UB Nr. 9524.) S. 18–23.

35 *Federigo degli Alberighi liebt:* Paul Heyse: Einleitung zu »Deutscher Novellenschatz«, ebd., S. 40 f.

52 *Zu Port au Prince, auf dem französischen Anteil:* Heinrich von Kleist: Die Verlobung in St. Domingo. Das Bettelweib von Locarno. Der Findling. Stuttgart: Reclam 1984. (Reclams UB Nr. 8003.) S. 3.

52 *Antonio Piachi, ein wohlhabender Güterhändler:* ebd., S. 49.

52 *An einem unfreundlichen Novembertage:* Gottfried Keller: Kleider machen Leute. Stuttgart: Reclam 1969. (Reclams UB Nr. 7470.) S. 3.

52 *In einem Saale des mailändischen Kastelles:* Conrad Ferdinand Meyer: Die Versuchung des Pescara. Stuttgart: Reclam 1972. (Reclams UB Nr. 6954.) S. 3.

53 *Im vierzehnten Jahrhundert in Nordschleswig:* Theodor Storm: Ein Fest auf Haderslevhuus. Stuttgart: Reclam 1985. (Reclams UB Nr. 6145.) S. 3.

53 *Reich an schönen Tälern ist die Schweiz:* Jeremias Gotthelf: Elsi, die seltsame Magd. Der Besenbinder von Rychiswyl. Stuttgart: Reclam 1964. (Reclams UB Nr. 7747.) S. 5.

54 *Vor meinem väterlichen Geburtshause:* Adalbert Stifter: Granit. Stuttgart: Reclam 1970. (Reclams UB Nr. 7602.) S. 17.

54 *Doktor Nathanael Rosenzweig hatte:* Marie von Ebner-Eschenbach: Krambambuli und andere Erzählungen. Hrsg. u. mit einem Nachw. vers. von Paul Friedländer. Berlin: Verlag Das Neue Berlin 1956. S. 7.

54 *Aufregung herrschte in Roaring Camp:* Bret Harte: Das Glück von Roaring Camp. In: B. H., Drei Short Stories. Englisch/Deutsch. Übers. u. hrsg. von Otto Weith. Stuttgart: Reclam 1975. (Reclams UB Nr. 9715.) S. 5.

182

54 *Sie war eines jener hübschen, liebreizenden Mädchen:* Guy de Maupassant: Der Schmuck. Der Teufel. Der Horla. Übers. u. Nachw. von Ernst Sander. Stuttgart: Reclam 1983. (Reclams UB Nr. 6795). S. 3.

55 *Der Gymnasiast Jegor Siberow reicht:* Anton Tschechow: Ein unbedeutender Mensch. Erzählungen 1883–1885. Hrsg. von Peter Urban. Zürich: Diogenes Verlag 1976. (detebe-Klassiker 20261.) S. 111.

55 *Ein alter Mann mit einer stahlgeränderten Brille:* Ernest Hemingway: Fathers and Sons. Väter und Söhne. Kurzgeschichten. Englisch/Deutsch. Übers. von Annemarie Horschitz-Horst. München: Deutscher Taschenbuch Verlag 1980 (dtv 9171.) S. 35.

55 *Der Junge merkte nicht:* Das Heinrich Böll Lesebuch. München: Deutscher Taschenbuch Verlag 1982. (dtv 10031.) S. 128.

56 *Jeder, der den Hudson hinaufgereist ist:* Washington Irving: Rip van Winkle. Englisch/Deutsch. Übertr. u. hrsg. von Walter Pache. Stuttgart: Reclam 1972. (Reclams UB Nr. 9368.) S. 9.

57 *An einem Spätnachmittag:* Nathaniel Hawthorne: Der große Karfunkel. Phantastische Erzählungen. Übers. von Günther Steinig. Berlin: Safari Verlag 1959. S. 40.

58 *In der Heimat meines Großvaters:* Das Heinrich Böll Lesebuch. München: Deutscher Taschenbuch Verlag 1982. (dtv 10031.) S. 89.

59 *Wenn einer dein Bett aus dem Saal schiebt:* Ilse Aichinger: Der Gefesselte. Erzählungen I. Frankfurt a. M.: Fischer Taschenbuch Verlag 1991. (Fischer Taschenbuch 11042.) S. 63.

76 *Ich speiste viele Jahre hindurch im Gasthaus »Zum Jäger«:* Franz Grillparzer: Sämtliche Werke. Hist.-krit. Gesamtausgabe. Hrsg. von August Sauer. 42 Bde. Wien: Gerlach & Wiedling 1909–48. I. Abt. Bd. 13. S. 308. (Orthographie modernisiert.)

Quellenverzeichnis der interpretierten Novellen und Kurzgeschichten

Die Zitate folgen den angegebenen, leicht zugänglichen Ausgaben.

Novellen

Heinrich von Kleist (1777–1811)
Der Findling. In: H. v. K., Die Verlobung in St. Domingo. Das Bettelweib von Locarno. Der Findling. Erzählungen. Stuttgart: Reclam 1984. (Reclams UB Nr. 8003.)

Franz Grillparzer (1791–1872)
Der arme Spielmann. Erzählung. Nachw. von Helmut Bachmaier. Stuttgart: Reclam 1979. (Reclams UB Nr. 4430.)

Theodor Storm (1817–88)
Der Schimmelreiter. Mit einem Nachw. von Wolfgang Heybey. Stuttgart: Reclam 1963. (Reclams UB Nr. 6015.)

Günter Grass (geb. 1927)
Katz und Maus. Danziger Trilogie II. Neuwied: Luchterhand [29]1989. (Sammlung Luchterhand 148.)

Kurzgeschichten

Herman Melville (1819–91)
Bartleby. Hrsg. von Ferdinand Schunck. Stuttgart: Reclam 1985. (Fremdsprachentexte. Reclams UB Nr. 9190.) Deutsch: Bartleby. Erzählung. Übers. von W. E. Süskind. Frankfurt a. M.: Fischer Taschenbuch Verlag 1988. (Fischer Taschenbuch 9302.)

Edgar Allan Poe (1809–49)
The Gold-Bug. Deutsch: Der Goldkäfer. In: E. A. P., Erzählungen. Mit einem Nachw. hrsg. von Manfred Pütz. Stuttgart: Reclam 1989. (Reclams UB Nr. 8619.) S. 259–303.

Friedrich Hebbel (1813–63)
Die Kuh. In: F. H., Erzählungen und Tagebuchblätter. Ausgew. u. mit einem Nachw. vers. von Hermann Hesse. Frankfurt a. M.: Insel Verlag 1987. (it 1029.) S. 99–103.

Mark Twain (1835–1910)
The Celebrated (Notorious) Jumping Frog of Calaveras County. Deutsch: Der berühmte Springfrosch der Provinz Calaveras. In: M. T., Der berühmte Springfrosch der Provinz Calaveras. Sieben Humoresken. Unter Verwendung der ersten Übersetzungen aus dem Amerikan. bearb. u. hrsg. von Marie-Louise Bischof u. Ruth Binde. Nachw. von Helmut M. Braem. Stuttgart: Reclam 1962. (Reclams UB Nr. 8675.) S. 3–11.

Bret Harte (1836–1902)
The Luck of Roaring Camp. Deutsch: Das Glück von Roaring Camp. In: B. H., Drei Short Stories. Englisch/Deutsch. Übers. u. hrsg. von Otto Weith. Stuttgart: Reclam 1975. (Reclams UB Nr. 9715.) S. 5–31.

Guy de Maupassant (1850–93)
La Parure. Deutsch: Der Schmuck. In: G. d. M., Der Schmuck. Der Teufel. Der Horla. Übers. u. Nachw. von Ernst Sander. Stuttgart: Reclam 1983. (Reclams UB Nr. 6795.) S. 3–13.

Marie von Ebner-Eschenbach (1830–1916)
Der Muff. In: M. v. E.-E., Krambambuli und andere Erzählungen. Hrsg. u. mit einem Nachw. vers. von Paul Friedländer. Berlin: Verlag Das Neue Berlin 1956. S. 338–349.
(Für den Schulgebrauch: M. v. E.-E., Die erste Beichte. Der Muff. Die Sünderin. Husum: Husum Druck- und Verlagsgesellschaft o. J. Hamburger Lesehefte 72.)

Anton Tschechow (1860–1904)
Toska. Deutsch: Gram. In: A. T., Meistererzählungen. Ausgew. u. mit einem Nachw. vers. von Wolf Düwel. Berlin: Rütten & Loening 81990. (Bibliothek der Weltliteratur.) S. 30–36.

James Joyce (1882–1941)
Araby. Deutsch: Arabia. In: J. J., Dubliner. Übertr. von Dieter E. Zimmer. Frankfurt a. M.: Suhrkamp 1987. (edition suhrkamp 1434.) S. 27–34.

Katherine Mansfield (1888–1923)
Bliss. Deutsch: Glück. In: K. M., Erzählungen. Ausgew., übers. u. mit einem Nachw. von Ursula Grawe. Stuttgart: Reclam 1990. (Reclams UB Nr. 8635.) S. 62–78.

Ernest Hemingway (1899–1961)
Cat in the Rain. Deutsch: Katze im Regen. In: E. H., In unserer Zeit. 15 Stories. Deutsch von Annemarie Horschitz-Horst. Reinbek bei Hamburg: Rowohlt 1958. (rororo 278.) S. 66–68.
The Killers. Deutsch: Die Killer. In: E. H., Männer ohne Frauen. 14 Stories. Deutsch von Annemarie Horschitz-Horst. Reinbek bei Hamburg: Rowohlt 1958. (rororo 279.) S. 43–51.

Wolfgang Borchert (1921–47)
Nachts schlafen die Ratten doch. In: Deutsche Kurzgeschichten. 5.–6. Schuljahr. Stuttgart: Reclam 1973. (Arbeitstexte für den Unterricht. Reclams UB Nr. 9505.) S. 15–18.

Heinrich Böll (1917–85)
Wanderer, kommst du nach Spa ... Erzählungen. München: Deutscher Taschenbuch Verlag 1967. (dtv 437.) S. 35–43.

Wolfdietrich Schnurre (1920–89)
Reusenheben. In: W. Sch., Ein Fall für Herrn Schmidt. Erzählungen. Stuttgart: Reclam 1962. (Reclams UB Nr. 8677.) S. 14–19.

Wolfgang Hildesheimer (1916–91)
Atelierfest. In: W. H., Lieblose Legenden. Frankfurt a. M.: Suhrkamp 1962. S. 114–127.

Gabriele Wohmann (geb. 1932)
Schöne Ferien. In: G. W., Ländliches Fest und andere Erzählungen. Neuwied u. Berlin: Luchterhand 1968. S. 76–79.

Literaturempfehlungen

A. Zur Novelle

Quellentexte zur Theorie der Novelle

Herbert Krämer (Hrsg.): Theorie der Novelle. Stuttgart: Reclam 1976. (Arbeitstexte für den Unterricht. Reclams UB Nr. 9524.) (Enthält wichtige Äußerungen zur Novelle von Wieland bis Musil.)

Forschungsliteratur zur Theorie der Novelle

Benno von Wiese: Novelle. Stuttgart: Metzler 1963. [8]1982. (Sammlung Metzler 27.)

Johannes Klein: Novelle. In: Reallexikon der deutschen Literaturgeschichte. 2. Aufl. Hrsg. von Werner Kohlschmidt u. Wolfgang Mohr. Bd. 2. Berlin: de Gruyter 1965. S. 685–701.

Hans Hermann Malmede: Wege zur Novelle. Theorie und Interpretation der Gattung Novelle in der deutschen Literaturwissenschaft. Stuttgart: Kohlhammer 1966. (Sprache und Literatur 29.)

Josef Kunz (Hrsg.): Novelle. Darmstadt: Wissenschaftliche Buchgesellschaft 1968. (Wege der Forschung LV.) (Enthält wichtige Quellentexte und Forschungsliteratur von 1915 bis 1964.)

Zur Geschichte der deutschen Novelle

Johannes Klein: Geschichte der deutschen Novelle von Goethe bis zur Gegenwart. Wiesbaden: Steiner 1954.

Josef Kunz: Die deutsche Novelle zwischen Klassik und Romantik. Berlin: E. Schmidt 1966. (Grundlagen der Germanistik 2.)

Josef Kunz: Die deutsche Novelle im 19. Jahrhundert. Berlin: E. Schmidt 1970. (Grundlagen der Germanistik 10.)

Josef Kunz: Die deutsche Novelle im 20. Jahrhundert. Berlin: E. Schmidt 1977. (Grundlagen der Germanistik 23.)

Albrecht Weber: Deutsche Novellen des Realismus. Gattung – Geschichte – Interpretationen – Didaktik. München: Ehrenwirth 1975.

Interpretationen

Benno von Wiese: Die deutsche Novelle von Goethe bis Kafka. Interpretationen. Düsseldorf: Bagel 1956.
Benno von Wiese: Die deutsche Novelle von Goethe bis Kafka II. Interpretationen. Düsseldorf: Bagel 1962.
Jakob Lehmann (Hrsg.): Deutsche Novellen von Goethe bis Walser. 2 Bde. Königstein i. Ts.: Scriptor Verlag 1980.

Zu den behandelten Novellen

Der Findling

Kurt Günther: »Der Findling« – Die früheste der Kleistschen Erzählungen. In: Euphorion (1909) Ergänzungsheft 8, S. 119–153.
Josef Kunz: Heinrich von Kleists Novelle »Der Findling«. In: Festschrift für Ludwig Wolff. Hrsg. von Werner Schröder. Neumünster: Wachholtz 1962. S. 337–355.
Werner Hoffmeister: Heinrich von Kleists »Findling«. In: Monatshefte für deutschen Unterricht 58 (1966) S. 49–63.
Peter Horn: Heinrich von Kleists Erzählungen. Königstein i. Ts.: Scriptor Verlag 1978. S. 168–182.
Joachim Müller: Zufall und Vorfall: Geschehniswelt und Erzählstruktur in Heinrich von Kleists Novelle »Der Findling«. In: Zeitschrift für Germanistik 3 (1982) S. 427–438.
Jürgen Schröder: Kleists Novelle »Der Findling«: Ein Plädoyer für Nicolo. In: Kleist-Jahrbuch 1985. S. 109–127.

Der arme Spielmann

Benno von Wiese: Franz Grillparzer, Der arme Spielmann. In: B. v. W., Die deutsche Novelle von Goethe bis Kafka. Düsseldorf: Bagel 1956. S. 134–153.
Richard Brinkmann: Franz Grillparzer, Der arme Spielmann. Der Einbruch der Subjektivität. In: R. B., Wirklichkeit und Illusion. Tübingen: Niemeyer 1957. S. 87–145.
Heinz Politzer: Franz Grillparzers »Der arme Spielmann«. Stuttgart: Metzler 1967.
Kurt Franz: Franz Grillparzer: Der arme Spielmann. In: Deutsche Novellen von Goethe bis Walser. Hrsg. von Jakob Lehmann. Bd. 1. Königstein i. Ts.: Scriptor Verlag 1980. S. 161–188.

Hinrich C. Seeba: Franz Grillparzers »Der arme Spielmann«. In:
Romane und Erzählungen zwischen Romantik und Realismus.
Hrsg. von Paul Michael Lützeler. Stuttgart: Reclam 1983. S. 386 bis
422.
Wiederabdruck in: Interpretationen: Erzählungen und Novellen
des 19. Jahrhunderts. Bd. 2. Stuttgart: Reclam 1990. (Reclams UB
Nr. 8414.) S. 99–132.
Helmut Bachmaier (Hrsg.): Franz Grillparzer, Der arme Spielmann:
Stuttgart: Reclam 1986. (Erläuterungen und Dokumente. Reclams
UB Nr. 8174.)

Der Schimmelreiter

Jost Hermand: Hauke Haien: Kritik oder Ideal des gründerzeitlichen
Übermenschen? In: Wirkendes Wort 15 (1965) S. 40–50.
Wiederabdruck in: J. H., Von Mainz nach Weimar. Stuttgart: Metz-
ler 1969. S. 250–268.
Reimer Kay Holander: Theodor Storm, Der Schimmelreiter. Kom-
mentar und Dokumentation. Frankfurt a. M.: Ullstein 1976. (Dich-
tung und Wirklichkeit 34.)
Hans Wagener (Hrsg.): Theodor Storm, Der Schimmelreiter. Stutt-
gart: Reclam 1976. (Erläuterungen und Dokumente. Reclams UB
Nr. 8133.)
Winfried Freund: Theodor Storm, Der Schimmelreiter. Glanz und
Elend des Bürgers. Paderborn: Schöningh 1984.
Volker Hoffmann: Theodor Storm, Der Schimmelreiter. In: Interpre-
tationen: Erzählungen und Novellen des 19. Jahrhunderts. Bd. 2.
Stuttgart: Reclam 1990. (Reclams UB Nr. 8414.) S. 333–370.

Katz und Maus

Gerhard Kaiser: Günter Grass, Katz und Maus. München: Fink 1971.
Ingrid Tiesler: Günter Grass, Katz und Maus. München: Oldenbourg
1971. ²1985.
Alexander Ritter (Hrsg.): Günter Grass, Katz und Maus. Stuttgart:
Reclam 1977. (Erläuterungen und Dokumente. Reclams UB
Nr. 8137.)
Dieter Mayer: Günter Grass, Katz und Maus. In: Deutsche Novellen
von Goethe bis Walser. Hrsg. von Jakob Lehmann. Bd. 2. König-
stein i. Ts.: Scriptor Verlag 1980. S. 261–280.
Roger Hillmann: Erzähltechnische Probleme in Günter Grass' Katz

und Maus. In: Erzählung und Erzählforschung im 20. Jahrhundert. Hrsg. von Rolf Kloepfer [u. a.]. Stuttgart: Kohlhammer 1981. S. 319–326.

B. Zur Kurzgeschichte

Quellentexte zur Theorie der Kurzgeschichte

Paul Goetsch (Hrsg.): Studien und Materialien zur Short Story. Frankfurt a. M.: Diesterweg 1971.

Alfred Weber / Walter F. Greiner (Hrsg.): Short Story Theorien (1573–1973). Eine Sammlung und Bibliographie englischer und amerikanischer Quellen. Kronberg i. Ts.: Athenäum Verlag 1977.

Hans-Christoph Graf von Nayhauss (Hrsg.): Theorie der Kurzgeschichte. Stuttgart: Reclam 1977. (Arbeitstexte für den Unterricht. Reclams UB Nr. 9538.)
(Enthält Äußerungen von Autoren und Auszüge aus der grundlegenden Forschungsliteratur.)

Forschungsliteratur zur Theorie der Kurzgeschichte

a) Allgemein

Ruth J. Kilchenmann: Die Kurzgeschichte. Formen und Entwicklung. Stuttgart: Kohlhammer 1967. (Sprache und Literatur 37.)

Ludwig Rohner: Theorie der Kurzgeschichte. Frankfurt a. M.: Athenäum Verlag 1973.

Klaus Lubbers: Typologie der Short Story. Darmstadt: Wissenschaftliche Buchgesellschaft 1977. (Impulse der Forschung. 25.)

b) Zur deutschen Kurzgeschichte

Klaus Doderer: Die Kurzgeschichte in Deutschland. Ihre Form und ihre Entwicklung. Wiesbaden: Metopen-Verlag 1953.
(Nachdruck: Darmstadt: Wissenschaftliche Buchgesellschaft 1977.)

Manfred Durzak: Die deutsche Kurzgeschichte der Gegenwart. Autorenporträts, Werkstattgespräche, Interpretationen. Stuttgart: Reclam 1980.

Leonie Marx: Die deutsche Kurzgeschichte. Stuttgart: Metzler 1985. (Sammlung Metzler 216.)

Manfred Durzak: Die Kunst der Kurzgeschichte. Zur Theorie und Geschichte der deutschen Kurzgeschichte. München: Fink 1989. (UTB 1519.)

c) Zur amerikanischen Kurzgeschichte

Hans Bungert (Hrsg.): Die amerikanische Short Story. Theorie und Entwicklung. Darmstadt: Wissenschaftliche Buchgesellschaft 1972. (Wege der Forschung CCLVI.)
(Enthält wichtige Aufsätze von Autoren und Literaturwissenschaftlern von der Mitte des 19. Jahrhunderts bis zur Gegenwart, viele davon auf englisch.)
Peter Freese: Die amerikanische Kurzgeschichte nach 1945. Frankfurt a. M.: Athenäum Verlag 1974.
Günter Ahrends: Die amerikanische Kurzgeschichte. Theorie und Entwicklung. Stuttgart: Kohlhammer 1980.
Claus Gadau: How to write a short story. Zum historischen Wandel der Kurzgeschichtentheorie in amerikanischen Leitfäden zum Verfassen kurzer Prosaerzählungen. Frankfurt a. M.: Lang 1984. (Sprache und Literatur. Regensburger Arbeiten zur Anglistik und Amerikanistik. 22.)

Interpretationen

a) Für den Schulgebrauch

Jakob Lehmann (Hrsg.): Interpretationen moderner Kurzgeschichten. Frankfurt a. M.: Diesterweg 1956. [13]1982.
Interpretationen I–X. Hollfeld: Bange 1970–1975.
(Bde. I–IV und VI–X: Interpretationen zeitgenössischer deutscher Kurzgeschichten. Bd. V: Interpretationen ausländischer Kurzgeschichten. Sehr elementar.)

b) Für das Literaturstudium

Karl Heinz Göller/Gerhard Hoffmann (Hrsg.): Die amerikanische Kurzgeschichte. Düsseldorf: Bagel 1972.
Karl Heinz Göller/Gerhard Hoffmann (Hrsg.): Die englische Kurzgeschichte. Düsseldorf: Bagel 1973.
Peter Freese (Hrsg.): Die amerikanische Short Story der Gegenwart. Interpretationen. Berlin: E. Schmidt 1976.

Klaus Lubbers (Hrsg.): Die englische und amerikanische Kurzgeschichte. Darmstadt: Wissenschaftliche Buchgesellschaft 1990.

Zu den behandelten Kurzgeschichten

Auf den Schulgebrauch ausgerichtete englischsprachige Interpretationen der sechs behandelten amerikanischen Kurzgeschichten sind
zugänglich in:

Insight I. Analyses of American Literature by John V. Hagopian and
Martin Dolch with the assistance of W. Gordon Cunliffe and Arvin
R. Wells. Frankfurt a. M.: Hirschgraben-Verlag 1962. ⁴1971.

Bartleby, der Schreiber

Franz H. Link: Melville, Bartleby, the Scrivener«. In: Die amerikanische Kurzgeschichte. Hrsg. von Karl Heinz Göller u. Gerhard
Hoffmann. Düsseldorf: Bagel 1972. S. 118–128.

Der Goldkäfer

Kuno Schuhmann: Die erzählende Prosa E. A. Poes. Ein Beitrag zu
einer Gattungsgeschichte der »Short Story«. Heidelberg: Winter
1958.
(Allgemein zu Poes Kurzgeschichten; enthält keine Einzelinterpretation von *Der Goldkäfer.)*

Die Kuh

Ludger Lütkehaus: Pantragische Liquidation oder soziale Katastrophe? Hebbels Erzählung »Die Kuh«. In: Hebbel-Jahrbuch 1975.
S. 182–196.

Der berühmte Springfrosch der Provinz Calaveras

Hans Bungert: Twain, The Notorious Jumping Frog of Calaveras
County. In: Die amerikanische Kurzgeschichte. Hrsg. von Karl
Heinz Göller u. Gerhard Hoffmann. Düsseldorf: Bagel 1972.
S. 129–137.

Das Glück von Roaring Camp

Heide Ziegler: Harte, The Luck of Roaring Camp. In: Die amerikanische Kurzgeschichte. Hrsg. von Karl Heinz Göller u. Gerhard Hoffmann. Düsseldorf: Bagel 1972. S. 138–148.

Der Schmuck

Karl Alfred Blüher: Maupassant, Sur L'Eau. La Parure. Le Gueux. In: Die französische Novelle. Hrsg. von Wolfram Krömer. Düsseldorf: Bagel 1976. S. 189–197.

Bruno Rothmund: Die Behandlung der Novelle La Parure von Guy de Maupassant in der 10. oder 11. Gymnasialklasse. Modell einer Unterrichtseinheit. In: Lehren und Lernen 2 (1976) Heft 1, S. 29 bis 53.

Der Muff

(Es scheint weder eine Interpretation von *Der Muff* noch Literatur über Marie von Ebner-Eschenbach als Kurzgeschichtenautorin zu geben, sondern nur einige wenig überzeugende Versuche, sie in die Tradition der deutschen Novelle einzuordnen.)

Gram

Karla Hielscher: Tschechow. Eine Einführung. München: Artemis Verlag 1987. (Artemis Einführungen 34.)

(Allgemein zu Tschechow; enthält keine Einzelinterpretation von *Gram*.)

Arabia

Ulrich Schneider: James Joyce, Dubliners. München: Fink 1982. (UTB 1157. Modellanalysen zur englischen und amerikanischen Literatur 2.)

(Enthält wenig über *Arabia*, aber viel über den Kontext der *Dubliners*.)

Glück

Peter Halter: Katherine Mansfield und die Kurzgeschichte. Bern: Francke 1972. (Schweizer Anglistische Arbeiten 71.) S. 115–121.

Jochen Ganzmann: Katherine Mansfield, Bliss. In: Vorbereitung der Moderne. Aspekte erzählerischer Gestaltung in den Kurzgeschichten von James Joyce und Katherine Mansfield. Frankfurt a. M.: Lang 1986. S. 133–158.

Katze im Regen

Werner Hüllen: Gespräche ohne Verstehen: Versuch einer Deutung von Ernest Hemingways »A Day's Wait« und »Cat in the Rain«. In: Die Neueren Sprachen N. F. 6 (1957) S. 432–439.

Die Killer

Kuno Schuhmann: Hemingway, The Killers. In: Die amerikanische Kurzgeschichte. Hrsg. von Karl Heinz Göller u. Gerhard Hoffmann. Düsseldorf: Bagel 1972. S. 268–277.

Klaus P. Hansen: Ernest Hemingway, »A Very Short Story« und »The Killers« – Der Mythos der Unmittelbarkeit. In: Die englische und amerikanische Kurzgeschichte. Hrsg. von Klaus Lubbers. Darmstadt: Wissenschaftliche Buchgesellschaft 1990. S. 265–278.

Nachts schlafen die Ratten doch

Hans Jürgen Skorna: W. Borchert, Nachts . . . In: H. J. S., Die deutsche Kurzgeschichte der Nachkriegszeit im Unterricht. Ratingen: Henn 1967. S. 35–48.

Helmut Christmann: Wolfgang Borchert, Nachts schlafen die Ratten doch. In: Interpretationen zu Wolfgang Borchert. Hrsg. von Rupert Hirschenauer u. Albrecht Weber. München: Oldenbourg [9]1977. S. 76–82.

Manfred Durzak: Die deutsche Kurzgeschichte der Gegenwart. Autorenporträts. Werkstattgespräche. Interpretationen. Stuttgart: Reclam 1980. S. 323 f.

Dietlinde Giloi: Short Story und Kurzgeschichte. Ein Vergleich Hemingways mit deutschen Autoren nach 1945. Tübingen: Stauffenberg 1983. S. 39–46.
(Vergleicht Borcherts Geschichte mit Hemingways Old Man at the Bridge.)

Werner Zimmermann: Wolfgang Borchert, Nachts schlafen die Ratten doch (1947). In: W. Z., Deutsche Prosadichtungen unseres Jahrhunderts. Bd. 2. Düsseldorf: Schwann [6]1985. S. 62–66.

Wandrer, kommst du nach Spa ...

Albrecht Weber: Heinrich Böll, Wanderer kommst du nach Spa .... In: Interpretationen zu Heinrich Böll. Kurzgeschichten. Hrsg. von Rupert Hirschenauer u. Albrecht Weber. Bd. 1. München: Oldenbourg 1965. S. 42–65.

Manfred Durzak: Die deutsche Kurzgeschichte der Gegenwart. Autorenporträts. Werkstattgespräche. Interpretationen. Stuttgart: Reclam 1980. S. 324–327.

Manfred Durzak: Die Kunst der Kurzgeschichte. München: Fink 1989. S. 225–228.

Reusenheben

Siegfried Braun: »Reusenheben« – Eine Kurzgeschichte von Wolfdietrich Schnurre. In: Anregungen 21 (1975) S. 157–162.

Dietlinde Giloi: Short Story und Kurzgeschichte. Ein Vergleich Hemingways mit deutschen Autoren nach 1945. Tübingen: Stauffenberg 1983. S. 61–66.

Atelierfest

Werner Zimmermann: Wolfgang Hildesheimer, Das Atelierfest (1952/62). In: W. Z., Deutsche Prosadichtungen unseres Jahrhunderts. Bd. 2. Düsseldorf: Schwann ⁶1985. S. 106–117.

Schöne Ferien

Manfred Durzak: Die deutsche Kurzgeschichte der Gegenwart. Autorenporträts. Werkstattgespräche. Interpretationen. Stuttgart: Reclam 1980. S. 277.

Arbeitstexte für den Unterricht

Philipp Reclam jun. Stuttgart

Literaturwissen für Schule und Studium

Johann Wolfgang Goethe
  Von Kurt Rothmann. 158 S. 10 Abb. UB 15201

Franz Kafka
  Von Carsten Schlingmann. 168 S. 11 Abb.
  UB 15204

Gottfried Keller
  Von Klaus-Dieter Metz. 143 S. 7 Abb. UB 15205

Thomas Mann
  Von Ulrich Karthaus. 115 S. 7 Abb. UB 15203

Theodor Storm
  Von Winfried Freund. 136 S. 6 Abb. UB 15202

Philipp Reclam jun. Stuttgart